それでも笑って生きよう◉目次

地上から30センチの人生……7

きっちり生きれば、きっちり死ねる……25

『それでも笑って生きよう』訂正とお詫び

	誤	正
目次3行目	自分の生きる遣	自分の生きる道
10頁2行目	自分の生きる遣	自分の生きる道
13頁3行目	大学に特って帰って	大学に持って帰って
21頁5行目	私か高野山で修行	私が高野山で修行
55頁6行目	親に言いうことも	親に言うことも
94頁13行目	姿を忍びたい	姿を偲びたい

以上、謹んでお詫びするとともに、訂正いたします。

施のこころ……45

冥土の土産屋開店 67

地上から30センチの人生

事が起こってから考えればいい

私たちが子どものころ、福岡市内には西鉄の路面電車が走っていました。私は四歳の時に、城南線の六本松、ちょうど昔の九州大学の正門から大濠公園に行くカーブになったところで路面電車と相撲を取りまして、みごとにうっちゃられました。それで両足をなくして義足を着用しているわけです。ですから、膝から下が両方ともないので、ちょうど高さ三十センチの竹馬に乗って歩いているのと同じです。そういうわけで、今日は「地上から30センチの人生」という題で、いろんなことをお話ししようと思っています。

私はふだんから自分が障害者であるということをあまり意識していません。それでも障害者だなあと感じる時があります。私の百何キロある巨体を、本人はそう大きいとは思っていないのですが、義足にのせていると、時々鉄の棒がプリッと折れる時があるんです。ああ、これが普通の生身の足であったらば、さぞ痛いんだろうなと思うわけですが、私は義足ですから、あんまり痛くない。けれども、とにかく途端に歩けなくなるのです。その時ばかりは、「ああ、障害者だなあ」とつくづく思い知らされます。

でも、けっこう海外に出かけたり、日本国中をあちこち仕事で行くこともあります。義足が折れても、国内だったら何とかなるだろうと思うのですが、それこそチベットの山奥なんかで折れた場合には、もう即これ動けないという状態になるでしょうね。それは分かっているのですけれども、何となく行くんですね。

一応考えられるだけの準備はします。義足の点検はキチッとしますし、折れた場合の応救処置として、針金とかガムテープとかは用意していきますが、実際に折れた場合には、ほとんど役に立たないですけれど……。それで頭の中で考えるのです、折れた時は折れた時に考えればいい、と。私は常に、「事が起こってから考えればいい」と思っています。私の人生の中では、そういう生き方しかできなかった、という気がするのです。

私は博多の櫛田神社の前で生まれました。そして、大濠高校を卒業するまでは六本松に住んでいました。今は天下の名門大濠高校ですけども、私が通っておりましたころは、どうしようもない学校でございました（こう言うと校長先生から怒られますけれども）。

高校時代は、もう考えつくだけの悪そう（いたずら）をしました。幸いなことに、私の父が保護司の会の会長とかいう仕事をしていましたので、何となくうまく処分からは逃れたのですが、卒業する前に父から「おまえ、少年鑑別所に入ってみないか」と言われました。「それか高野山大学か、二通りの道を用意したが、どっちを選ぼうとおまえ次第や」と言うのです。

少年鑑別所よりは楽だろうと、高野山のほうを選んでしまったんですが、これはホントに十七歳の浅はかな考えでした。後で鑑別所のほうが楽だったんじゃないかなと、何度も思ったことです。

まあ、どうしようもないワルが高野山に上がってみて、いろんなことを考え、いろんなことを教えられて、何とか大学を卒業し、その後まだ本山に二年ほどいました。高野山には都合六年間いたわけです。そして山を下りて、福岡市の早良区に小さな小さなお寺を一つ作ったのです。

どこかに自分の生きる道があるはず

その当時のことを考えました。まず、私がなぜぐれ始めたのかということですが、実は、私は工業高校に行って電気を勉強したかったんです。城西中学卒業の時は、そんなに悪い成績じゃなかったので、おかげさまで生徒会長までさせられて意気揚々としていました。キラキラ光る明るい少年だったんですけれど、高校入試で学力試験は通ったのに、体のことで落とされました。

あれはショックだったですね。私はその時までは、障害者の「ショ」の字も考えたことはなかったのです。それが社会の現実といいますか、自分の限界という壁にぶつかって、突然目の前がまっ暗になるような感じがしました。それで仕方なく、大濠高校に行ったんです。

何が嬉しくて大濠高校に行くものですか、男しかいないのに。女性といったら保健のおばさんしかいないんです。学校に行くのが楽しくない。ですから、家から歩いて五分ばかりしかかからない距離でしたが、帰るのに一時間ぐらいかかっていました。

とにかく、さんざん悪いことをやりましたけども、どこかで何か自分の生きる道があるんじゃないかと考えていたようでしたね。

さて、高野山大学に行くといっても、このままじゃとても入れてくれないだろう。それなら、ということで訳が分からないうちに頭髪を切られて、衣を着せられました。坊さんのかっこうに喜んでいただけですが、とにかく高野山に行ったら何かがある。それだけを一念に思い続けて高野山に上がったんです。

ところが、上がってガッカリしました。高野山はまるで観光地です。私が求めていたような所ではありませんでした。

表面しか見ていなかったのでは？

四月に入学しましたが、高野山は寒いです。海抜千メートルちょっとあります。百メートルに一度の温度差があるので、大阪が三十度でも高野山は二十度以下です。冬場はものすごい寒さです。マイナス十八度まで知っていますが、とにかく寒さで足の傷口が痛む。福岡では寒さで痛むなんてことはなかったんですけれども。

そんな苦しい思いをしているのに、高野山という所は一体何だ。あれはお寺じゃない、〝ホテラ〟だ。観光客は泊まるし、寺の小僧といっても結局ホテルの下働きと一向に変わらないのです。住職もホテルの主人のよう。こんな所にいて何のためになるんだろうかと、半分は反発気味でした。だから、大阪でしょっちゅう遊んでいました。

ある時、明日こそは学校にいかなきゃ落とされると思い、大阪のなんば駅から南海電車の終電で高野山に帰っていました。二時間ほどかかるわけですが、客も降りてしまって一人、長いベンチ式のイスにひっくり返ってグォーッと寝ていたのです。ふと気がついたら、やせた年寄りの坊さんが私の頭のところにお座りになっています。「おい、こりゃ起きい」と言われました。高野山には五十いくつかのお寺がありますので、どこかの院家《いんげ》（住職）さんだろうと思っていたのです。

「ハア」と言って起きましたら、「おまえは高野山の学生か？　足が悪いようやな」て言うから「はい、ありません」。「そうか、高野山に何か不足はないか」と言うので、メシがまずい。朝が早い……とにかくもう、ありとあらゆる不満を言ったのです。

終点から先はケーブルカーに乗り換えます。着いた改札口で、そのお坊さんが先に出られたので、駅員に「あの人、どこの人？」と聞いたのです。そしたら「おまえ知らんのか。アホ！　管長さんやないか」「ハァ？　エッ！」

堀田真快大僧正というお方でした。

駅を出たら金剛峰寺の迎えの車が停まっているのです。窓からを顔出して、

「おいで、送ったろ」

「ハ、いいです……」

しょうがないから寺まで送っていただいたんですけども、寺に着いたら、私の師匠やら全員出てきまして、最敬礼です。その晩、三時間ほど師匠にやかましく怒られました。

翌日、大学に行ったら、掲示板に「一回生、吉住明海　本山に出頭せよ　管長」と書いてあるんですよ。ワアッと思いました。

「おまえ、何かしたんか」。学長にも呼ばれました。

とにかく、恐る恐る金剛峰寺に行ったら、段ボールいっぱい、何百個ものお供え物のおさがりの饅頭を「おまえにやる」と管長さんが言うのです。それを大学に持って帰って全部仲間に配りました。どことなく線香くさい饅頭でしたけど、みんな「うまい、うまい」と言って食べたのです。

その時に、なるほど私は高野山の表面しか見てなかったのではないか。本当の高野山を知ってはいないのではないかな、ということに、ふと気がついたんです。

そんなことがあっても、まだ高野山が好きになれない。どうしても、坊さんそのものが嫌だったのです。誰が坊主なんかになるものか、と意地になって反発していました。

逃げずに自分がやれるだけをやる

ある時、もうたまらなくなって、同室の友人に「俺は帰る」と言ったんです。彼は神戸の寺の息子で、非常に優しい几帳面な男でした。その彼が、「九州に帰ったら関西に出てくる機会もないだろうから、明日一日ぐらい奈良見物でもしていかないか。自分が案内するから」というので、一日奈良に遊びました。

寺で仏像はもう見あきていたのですが、彼があまり熱心に勧めるものですから四天王寺とか薬師寺を回って、弥勒菩薩で有名な中宮寺にたどりつきました。

先に団体客が入って混雑していたし、義足の靴を脱ぐのも面倒でしたから「もう、やめとこうよ。弥勒さまを見てもしょうがない。それより、早く帰って酒でも飲んで寝ようよ」。「とにかく、せっかく来たんだから」と言われて広間に上がって弥勒さまの前に進みましたら、「ハッ！」と思ったきり一時間見とれていました。まる一時間、本当に馬鹿みたいにじっと見ていたのです。

弥勒さまの顔が、どうしても母親の顔に見えてきてしょうがないんです。「ああ、帰るのはいいけど、おふくろが泣くだろうな」と思ったら、「こりゃ、たまらん」と思いました。後で聞いたら、聖徳太子がお母さまの菩提を弔うためにおつくりになった弥勒さまだということです。昔、郵便切手にもなっていました。

それでまあ、とにかく高野山まで帰ろうということで汽車に乗りました。すると、その友人が言うのです。「おまえは辞めようと思ったら、すぐ辞められるからええなあ。ワシは寺の子で、お仏飯で育てられたから、辞めるわけにいかんのや」。私も管長さんからお下がり品をいただいておりましたので、それで、ドキッとしました。〝一宿一飯の恩義〟がありますからね。「ああ、こりゃ簡単に辞めるわけにはいかんな」と思いました。

それならば〝行《ぎょう》〟をしようと思ったんです。とにかく逃げずに、自分がやれるだけの行をやって、それから結論を出しても遅くはないんじゃないか、と決心したのです。

行に入ると大体百日くらいは山に籠もらなければいけないので、大学に休学届を出します。学生課長は親切に、「寺にいても行はできるし、それで坊さんにもなれるから」と言ってくれたのですが、「辞めなければいけない時は、自分で身の始末ぐらいつけます」と言って行場に向かいました。ホントに意地だったのですよ、これは。

何で俺がこんなに苦労せにゃいかんの

高野山から山を二つ越した所に真別処《しんべつしょ》という行場があって、そこに入りました。人里離れて誰も来ないような所です。

一つの行が終わったら山を下りて、下の老僧の所までいって伝授を受けて、また戻ってくるのです。ちょうど二月の最も寒い時でした。天気がよかったから山道を降りるのはそう難儀でもなかったのですが、帰りが大変。坂になった山道が全部凍ってしまっているのです。横はガケです。どうやって登ろうか。私の足ではツルンツルンに滑って登れません。しょうがないから、衣を脱ぎ、義足を外して、ラクダのシャツ一枚になり、わらとひもで足のところを巻いて、手袋をはめ、衣や念珠や義足は全部背中にくくりつけて、ガケ道を這いました。ちょうど、あさま山荘事件のころでした。

這っていると、何で俺がこんなに苦労をしなければいけないのだろうかと、腹が立ってきましたね。もう、辞めて帰ろうかと思ったんです。十八、十九歳の年ごろの私と同級の者は遊んでいるのに、「何で私だけが」という思いがどんどん強くなってくるわけです。

それでも何とか這いながら登っていたら、ツルッと滑って横のガケのほうにスーッと落ちてしまったのです。どうにか木の根っ子にしがみついて、「もう、嫌！　帰ろっ！」。

悪戦苦闘して這い上がり、やっと峠のてっぺんに着いたら、一カ所ぽっこり雪が盛り上がっているところがありました。雪を除けたら、何と石の弥勒さまだったんです。その瞬間に、中宮寺の弥勒さまの顔がパーッと出てきたのです。「こりゃ、辞めるわけにいかんぞ」。石の弥勒さまの雪を全部除けて拝んでいましたら、涙がポロポロ出てきます。「弥勒さまあ！ 何で俺だけ、こんな苦労せないかんの。俺はそんなに悪いことした覚えはない！ 高校の時、悪そうはしたけども、人々泣かしたことはないぞ！」

そこは〝弥勒峠〟という所でした。荷物を取って山を下りよう。気を取り直して義足をはき、衣を着て真別処に戻りました。ほかの連中はみんな先に帰っていたのです。

できたじゃないか

行場には七百年前の山門があります。鐘が上についていて、鎖を引っぱると「コーン」という音がして、これが「入ります」という合図です。私がひとり遅れて帰ったものですから、鐘が鳴ると、部屋の窓が一斉に開いて、ワアッとみんなが拍手をしてくれたんです。それで私も何となくジーンときました。そして「大根を温めとるぞ。飯も温めとるぞ。早く食えよ」と言ってくれる。ああ、ありがたいなあと思いました。

とにかく夕方のお勤めだけはすませようと思って、一人で本堂に入りましたら、今度はまた違う別の涙なんです。峠で流した悔し涙じゃない、別の涙がポロポロ、ポロポロ出てくるのです。ああ、やっぱり行をやっててよかったんだな、何かそういう気持ちです。

その時に初めて、自分の中で何か一つ〝ふっ切れた〟気がします。

それから後の行は大変楽でした。嬉しくてしょうがなかったです。もういろんなことを考えなくていい、行だけやっていればいいのです。だから、みんな行に入って痩せるようですが、私は逆に肥えてしまいました。

修行中の食事は、精進です。精進は、香りの強いネギもいけませんし、もちろんタマネギもいけません。おだしといえば全部昆布だしですから、何を食べても同じ味です。

私は管長さんにコネクションがありますので、お願いの手紙を出しました。「カレーライスのカレー粉を使う許可をお与えください。カレー粉はもともと釈尊が生まれたインドの国で使っているもので、これも精進の仲間であるに違いありません」と、そういう意味のことを書いて本山からのお使いの人に渡したら、許可がおりました。

カレー粉を使う許可はもらったけど、肉は何にしようか。肉の入らないカレーというのは、まだ食べたことがなかったので困りました。考えぬいた結果、コンニャクを入れることにしました。さらに、コンニャクだけじゃ油っ気がないので〝揚げ〟を加えたんです。昆布でだしを取っていますから、さっぱりしてますが、それでも二十歳前後の若者が、日ごろ大根や菜っ葉の煮たのしか食っていないので、これが格別に美味しいんです。私が料理当番の時は、みんなが喜ぶようになりました。

私はそれ以来、何でも気持ちをこめてさせてもらいました。高等学校のころのすさんだ気持ちとは全然違う気持ちを、行の時に味あわせていただいたのです。だから、行はきついと言われていましたけれど、私にとっては楽しかった。今でも楽しかったなあと思い出します。

行が終わった時にみんなと同じようにできたことが、「ああ、俺でもできたじゃないか」と、ものすごく私の自信につながりました。そして、高校入試の時に味わった自分の限界とか、将来に対する不安とかいうものが、全部取り払われていました。ホントにスカーッとしたんです。ですから、大学院までいかせてもらいましたけれども、自分は何でもできるという自信がついたのでしょう。それまでは、無意識にコンプレックスを感じていたのだと思います。

なくしたものばかり求めとらんか

高野山の一の橋という所から弘法さまの御廟まで、片道二キロほどあります。それをいつも車を使わずに歩いていく足の悪いおばあさんが、ある時、私にこうおっしゃったのです。

「あんたな、なくなったものばっかり求めとらへんか？　失ったものを追っかけとらせんか？　あんたにはまだ何か残っとるやろ。手や足や口、耳も残っとるやないか。それだけあったら何かできへんか？」

それでひらめきまして「ああ、俺はすごいもの持っとるわ」と思ったんです。手を持っとるじゃないか、目ん玉があるじゃないか。よく考えたら、失ったもののほうが少ないんですよ。私にできないものを数えたほうが早い。まあ、足はないですけれども、これでも義足をはいていれば、二キロや三キロぐらいは歩けますし、飛ぶことと走ることを除けば、あとは何でもできるじゃないかと思ったんです。

そう考えたら、新しく運転免許証をもらったような感じです。それからは、何でもやってやろう、何でも見てやろう、何でも食うてやろうと思いまして、おかげでこんなに肥えましたけど。

残っとるものを活かせ

そこらへんが、私にとっては一つのふっ切れたところであったような気がするのです。人間誰しも、それぞれコンプレックスがありますね。ところが、自分自身で何かを求めようという強い気持ちがある時には、何かの拍子でそれがポンと突き破れてくるのではないかと私は思うようになりました。

禅宗には「啐啄一如《そったくいちにょ》」とか「啐啄同時《そったくどうじ》」とかという言葉があります。鶏が卵からかえる時、殻の中で鳴くヒナの声と、親鳥が外から殻をつつく音とが、内外呼応することから、すべて両方の機運の熟した絶好の機会を言います。親鳥を呼ぶのが「啐」、殻をつつくのが「啄」です。そのパカッと殻が割れた時が、初めてものごとが分かった時だということです。

求めようという気持ちが、殻の中で鳴くヒナの〝思い〟ではないかなと思います。その〝思い〟が、何かちょっとした力によってポッと割ってもらえるということでしょうね。ですから、高野山の奥の院で出くわしたそのおばあさんの「おまはん、いっぱい残っとるやないか」というその一言が、私の殻を割ってくれたことになります。何が残っているか、その残ったものをフルに活かせということが、それからの私の人生に大きな影響を与えたような気がしてなりません。

慈悲は父母の愛情

四歳の時に両足を失った私が、小・中・高校と普通の学校にいけた理由の一つは、父親に対する〝憎しみ〟があったからです。

今みたいな合成樹脂ではない鉄製の重い義足、同情してくれるのですが、病院のリハビリだけでは不十分でした。結局、父親が自宅で物干し竿を二本並べて歩く練習をさせたのです。バタッと倒れたら、父がズボンのベルトで私の尻をたたきます。これが怖いんです。母親がオロオロと止めに入って、私を抱いて「一緒に死のう」と泣くのです。

遠足にも父が付き添ってきました。坂道を一歩下がって休んだら、

「なんでもう一歩進んで休まんのか！」

後ろに転んだりするとたたくんです。

「何で前にこけんのか！」

学校から、近所の人が車に乗せて送ってくれたりしても、

「この馬鹿たれが！　何で歩いて帰ってこんか」

とにかく、中学までは「前に進め！」、「自分で歩け！」。

だから、高校になったら、父親に徹底して反発しました。私がどんなに悪さをしても、オヤジは何も言わなくなりました。

その反発心は、私か高野山で修行している間も続いていたようで、ここで修行を止めて帰ったらおふくろは泣くだろうけど、オヤジは笑うだろうなと思ったんです。それが悔しくて我慢したようなところもありました。

自分が父親になってみて、もし我が子が四歳の時に私と同じような事故にあったら、私はこの子を殴ってまでも歩かせられるだろうか、と思ったのです。そうしたら、私が殴られた痛みよりも、殴ったオヤジのほうが痛かったのではないかなという気がしました。

仏教では「慈悲」を大切にします。「慈」は父親の愛情、「悲」は母親の愛情を示しているのではないかなと思います。殴ってまでしても、子どもを間違った方向に行かせまいとする父の心が「慈」。その子どもが泣いていれば、一緒に泣いてやろうというのが母親の「悲」。この慈と悲が一緒だから、子どもはちゃんと育っていくのではないかと思うのです。

生きることはよく感じること

私は師匠から、どうやって生きるかという「智慧」を習いました。智慧をはたらかせるには、それなりのものの見方が必要です。ものの見方には「視・観・察」の三つがあります。

「視」とは、そのものの第一印象。私を見て「デカいのが話しとるな。あれ、ヤクザだろうか。相撲取りだろうか」と思うことです。

「観」は、ほかのものと比べて見るということです。観光旅行というのはいい字をつけています。自分が住んでいる所と比べてみて、わあ、きれいな所だなどと思うわけでしょう。

「察」は警察の「察」です。これはものごとの枝葉を全部除けて、その核、中心だけを見ること。社長とか代議士とかの社会的な肩書に惑わされずに、その人の罪を見るから警察というのです。ものをよく見るということは、実はものをよく知るということです。通り一遍の知識でものを見ようとするから、いつも理屈だけに終わってしまうような気がします。

また、「生きる」ということは、よく「感じる」ということでもあると思います。財力や地位ではなく、その人がもっている温かさとか、にじみでてくる愛情とかを見るようにして、初めて、人間が生きている意味はこういうことか、ということに気づかされるのです。

修行をするためにこの世に生まれてきた

時々、「死んだらどうなります」という相談がありますが、私は「そんなもん知るか。死んでから考えろ」と答えています。死んでから考えても遅くはありません。それより、死ぬ前に「生きること」を一所懸命に考えることです。智慧を使って、よくものを見て工夫するのです。

「工夫」は大事だと思います。私も両足がありませんから、どうやって坂道を上がるか、あるいは汚ない話ですけど、どうしたらお便所にいけるか、誰も教えてくれませんので、自分なりに考えて工夫しました。そしてやってみたら、やれたのです。

私たちがこの世に生まれてきたのは「修行」をするためではないかと思います。その役目が終わった時に、人間は死んでいく。だったら、同じ修行をするにしても、気楽に考えたほうがいいですね。死ぬ時に「ああ、おもしろかった」と思って死ねたら最高でしょう。

だから、生きることも死ぬことも、私はそう大差ないような気がするのです。せっかくこの世に修行に来ているのだから、一所懸命苦しもうじゃないか、一所懸命悲しもうじゃないかと思います。そこからいったん逃げたら、どこまでも苦労が追いかけてくるような気がするのです。

仏さまのまねをする

私が高野山を出る時に師匠が言ってくれました。

「日陰にずっといた者は、日なたのぬくもりがよく分かる」

今、その意味がしみじみ分かります。日なたに出てみて「ああ、暖かいな。ありがたいな」という思いが、実はその人を仏さまにしているのではないでしょうか。

死んで仏さまになってもしょうがない。人間、生きている間に仏さまになろうということです。

弥勒さま、観音さま、お地蔵さま、仏像はみんな目が細いでしょう。あれは何で細いか知っていますか。近眼じゃないのです。あれは人のいいとこしか見ないから目が細いのです。かわいい孫を見るような目です。

実は、この世で仏さまになろうということは、仏さまのまねをしようということじゃないかなと私は思います。仏さまだったらどうするかなあ、仏さまだったらどう考えるかなあ、どう言うかなあ。そうやって仏さまを拝む人間が偉いから、その仏さまが私たち自身の中に生きてくるような気がするのです。

きっちり生きれば、きっちり死ねる

東にも浄土がある

今日はお葬式があって、二時の出棺でした。近ごろは仏さまよりも、人間のほうの都合を優先するのでしょうか。初七日まで済ましてしまえということで、お葬式が終わった後、葬祭場からご自宅に帰ってこられた仏さまを拝んできました。

「きっちり生きれば、きっちり死ねる」という今日の題は、実は盗作です。私の好きな俳人の種田《たねだ》山頭火《さんとうか》の句の中に、そういう思いが詠まれています。

「きっちり生きる」とはどういうことか、あるいは「きっちり死ぬ」とはどういうことかを、今日もお葬式をしながらいろいろ考えさせられました。

真言宗もそうですけれども、浄土真宗でも禅宗でも、亡くなると「西方浄土」に行くといいます。西の方に浄土があって、そこに阿弥陀さま（阿弥陀如来）がいらっしゃるので、そこに行きましょうというわけです。

ところが、東の方にも浄土があることをご存じでしたか。「東方浄土」といい、そこには瑠璃光《るりこう》如来というかたがいらっしゃいます。「お薬師さま」といわれる薬師如来さまです。

日本の中で、薬師如来と阿弥陀さまがまとまって多いところがあります。四国八十八ヶ所がそうです。寺々におまつりしてある仏さまの半分が阿弥陀さまで、半分がお薬師さまだと考えてもいいのではないかと思います。その中にお不動さまもありますし、観音さまもちろんありますが、大局的に分けると、薬師如来と阿弥陀さま。つまり、お遍路さんは東方と西方の浄土を求めて旅していくのです。

もともと四国八十八ヶ所は、春や秋の季節のよいころは健常者がお参りになっていたのです。逆に冬の寒い時とか夏の暑い時は、いわゆる身体障害者といわれる人が回っていました。遍路にとっては悪条件の季節なのに、何のために回っていたかというと、それは死ぬためだったのです。

私の寺に一冊の納経帳があります。明治二十二年という年号が最後に書いてありますが、朱印を押すところがないくらいに真っ赤です。どのページを見ても真っ赤です。数えてみると、六十回以上、回っていらっしゃいます。それも裸足だったようです。死ぬために四国を回っていたんでしょう。どういう事情があったのか詳しいことは分かりませんけど、その納経帳を見ていると、なんとなく一筋の思いのようなものが伝わってきます。どんな人生だったのだろうかと考えさせられます。

また、私の友達の寺に行きましたら、本堂の隅のほうに箱車《はこぐるま》がかけてあったのです。ちっちゃな箱車の横に二本の棒が吊るされていて、昔は車椅子などありませんから、足の悪いかたがこれを使ってお参りになったのだと思います。ところどころすり切れて、座るところに住所と名前が書いてありました。大阪のかたでしたが、その最後の言葉にハッとしました。

「もし私が死んでおりましたらば、この箱の下にお金が入っておりますので、それで左記のところにご連絡いただきたい」

もう、何か胸を突かれる思いです。

心の荷物を仏さまに預ける

いったい四国遍路が何を教えてくれるんだろうと、私は考えました。

あるかたは奥さまの菩提を弔うためにとか、あるかたはいわゆる障害者の子どもさんの行く末を祈るためにとか、あるいは先祖のご供養のためにといった具合に、それぞれいろんな思いを持って回られます。四国に渡った以上、それまでのことをいろいろ思ってもしようがなく、札所を回るしかないわけです。そこでは何の肩書きも通用しません。仏さまにすべてをお任せすることで、人間らしさを味わえます。ありがたいなと思います。

今のお遍路さんは、道が整備されたのでバスや車で回っておられます。今みたいに整備されすぎると、ありがたみが半減するという気はいたします。中には納経帳に印をもらうために回っているような人が多いわけで、なにか目的をはき違えているんじゃないかなと思うところもあります。やはりお寺が金儲けをしすぎるとよくありません。そこそこくらいでちょうどよろしいのです。それに、スタンプをもらうのが目的ならば、昔のラジオ体操と同じですね。そうではなく、切実な思いを持って回っておられるかたが、たくさんいらっしゃるのです。

私が遍路をして四国の室戸岬の手前まで行った時に、風が大変きつくなり、ザーザー雨が降るものですから、車を止めて、雨があたらない崖の窪みのような所にゴザを敷き、義足を外して座っていたのです。海に雷が落ちるのを初めて見ました。太平洋に雷が落ちるのは、なかなか迫力があってすごいものですよ。

私は坐禅を組んでじっと海を見ていました。何時間かしてはっと気がついたら、大きな猿が私をじっと見ながら横に座っていたのです。こいつ、俺を親戚と思ったのかな。雷がピカッと光る時に上を見ると、上にもいっぱい猿がいたのです。猿も怖かったのでしょう。なんかわけの分らんのがそこ座っているから、そのそばにいってみようかということになったのではないのかな。

とにかく野生の猿と妙に一体感があるのです。おまえらも俺も一緒やな、という感じです。別にこちらが人間でおまえが猿だから、俺のほうが偉いんだっていうこともないし、大自然の中におかれたら、お互い生き物同士という感じでした。

朝が来て、義足を履いて立ち上がると、猿がサッと逃げて行きました。私が人間に戻った証拠です。やっぱりそういうものかなと思うと、ちょっと悲しかったです。ですから、持っていたパンやリンゴなどを全部ちぎって林の中に放り投げてきました。

後はずっと順繰りで、それこそあまり気にいらない寺では御朱印ももらいませんでした。なので、納経帳はところどころ空いています。

「護摩《ごま》」といって火をたく修法がありますが、六か所くらいの寺では護摩をたかせていただいて、修行させてもらったのです。どこで護摩をたいても一緒だなと思いました。高野山の奥の院で護摩をたいても、自分の寺で護摩をたいても、特に変わったことはありません。やはり、信念の問題だということを、つくづく教えさせられた四国遍路でした。

みなさまがたも四国や西国三十三ヶ所に、お行きになる機会もあるかと思います。しかし、観光化しすぎた寺に行くと、少し腹が立ちますね。拝んでいると変な顔して見られるのです。拝んじゃいけないような雰囲気で、寺に行ってもゆっくり拝めないのです。

寺は観光に行くところではなく、仏さまを拝みに行くところです。何を間違って、観光に行っているのでしょうか。そのへんは坊さんがおかしなところだと思うのです。〝天ぷら坊主〟といわれる所以がよく分かります。衣ばっかりです。うどん屋のえび天を見ると、ああこうなったらいかんなって、いつも思います。私の衣なんかブカブカです。大きなサイズじゃないと合いませんよとか言って、人の二倍も料金取られるのです。腹が立ちますよ。

ある日、末期のがんをかかえたかたが、私のところに相談にこられました。本人は自分ががんだとご存じです。

「とにかく動ける間に何かしたい。四国を全部回りきれなくても構わないから、半分でも三分の一でもいいから、回ってきたいけど、どうしたらいいだろうか」

そのかたを見ていて、四国を回っていったい何になるんだろうと思ったのですが、回ってる最中はがんのことなんてコロッと忘れているのですね。だから、途中で死ぬかもしれないと思われたかたが、とても元気で帰ってこられたのです。やはり、心の荷物を仏さまに預けるということが、いちばん大事なことじゃないかなと、そう思ったのです。

大きな命をもらって

今日のお葬式も、実は自殺です。焼身自殺。灯油をかぶって火つけたのですが、死に切れず、三日間、悶絶の苦しみです。枕元で「がんばれ」と言ってきたものの、なんか心が落ち着きません。家に帰って一所懸命お祈りしていたら、仏さまからふっと言われたように思えたのです。それは般若心経の「無罣礙《むけいげ》」、「こだわるな」ということ、「大きな命をもらっているのに、小さくものごとを見てしまうな」という意味です。だから、もうこれ以上は仏さまにお任せしようと思ったのです。そうしたら、なんとなく気持ちが楽になりました。

任せきれるかどうかで、その人の状態を軽くすることができるのではないでしょうか。自分ががんだと分かっていても、それはそれでいいじゃないか、何かやれる間はやろう、がんにとらわれる必要はないだろう、というようにです。それくらいのことが言える人間は強いな。私は言えるかな。でもそうありたいなと、心の底から思うのです。

「一所懸命」という言葉がありますが、一つの命を懸ける「一生懸命」と書く人がいます。そんな、一生の間、命を懸けられるのかな。命とはそんなものではないでしょう。

例えばご祈禱なさるところに行くと、「七代前の先祖がたたっている」、あるいは「十代前の先祖がたたっている」と言われるけれど、七代さかのぼったら何人の人間になりますか。二人にそれぞれ二親がいるのです。またそれに二親がいるのです。十代さかのぼったら二千人以上です。そのうちの誰一人が欠けても、私はここに存在はしないわけでしょう。そりゃあ二千人いたら、良いのもいれば、悪いのもおります。〝のんべえ〟もいれば、〝すけべえ〟もおります。全部ひっくるめて、その先端が私なんです。私が一所懸命生き切ることが、実はその後ろに控えた何千という過去の人たちへの、いちばんの供養ではないかなと考えます。

良いこと悪いこと起こるのが人生

人間として生きていると、良いことと悪いことが繰り返し繰り返し起こってきます。これが起こることが、生きている証拠ではないかと、いつも思うのです。「風邪ひいた」、「病気した」と別に悔やまなくてもいいでしょう。私の顔見ると、「あいた（痛い）、あいた」とおっしゃるかたが多いのですが、なんでそんな甘えるのだろうかと思います。昔のお嬢さんから甘えられても……。とにかく、なにかにつけ愚痴をこぼす、なにかにつけて病気を作る人がいます。「腰が痛い。椎間板ヘルニアじゃなかろうか」とか、「舌が痛い。口内炎やろうか。がんやろうか」。「肺が痛い」……。

この間なんか、身寄りのないおばあちゃんが「胃が痛くて、吐く」と言うから、胃の病院についていきました。検査の後で「身内のかただけ、ちょっと」と言われた時のためです。一時間半待っていました。胃の病院ですから、たいがい痩せこけて、あまり血色のいい人はいません。病気の人ばっかりの中に座って待ちました。

やっと呼ばれたので行きましたら「軽い胃かいようです」。ガクッときました。それを聞いたおばあさん、「うどんでも食うて帰りましょうか」。そんなものなんですね。みなさん、どうも自分で自分の首をしめていることがいっぱいあるような気がします。なんでそこまで苦しめなければならないのでしょう。思いこみの激しい人、頑固な人っていますよね。

何かにつけて喜びを見つける

では、どうしたら人間が人間らしく、自分らしく、ありがたく生きられるのでしょうか。私は、何かにつけて喜びを見つけることができる人が、きっといちばん楽しく人生を送ることができるのではないかと、考えます。頭が痛いと思ったら、「ああ、仕事休めってことだな。休もう」と、それでいいと思うのです。

たまたま一昨日、北海道から友人が私を訪ねてきました。十年ぶりの再会です。「おい、おるか」と言って、突然やってきたのです。そいつは、変わり者で通っていまして、私のところに来るのに、いつも北海道の地酒を一本だけ下げて、「おまえと飲みに来た」です。たったそれだけの用事です。

「飲んだら、今日の飛行機で帰るわ」

「おまえ、なにしに来たんだ」

「おまえの顔見て飲みたくなったから来た」

私はあきれながら、それもおもしろいなと思いました。わざわざ旭川から出てくるんですからね。酒を酌み交わしながら、今日の酒はうまいなと思いました。

その男が言うには、「この酒、新しいのを二本もらった。一本目を一口飲んだらとてもうまかったので、これを気分のいいやつと飲んだら、もっとうまかろう、と思ったら、おまえの顔が出てきたから、すぐ来た」

「家の者に言うたんか」

「言ってこなかった」

「電話しろ、早く！」

指の役割

先ほど、きれいな奥さまと仏さまの手の話をしていたのです。千手《せんじゅ》観音さまという千本手のある仏さまがいらっしゃいますが、あれくらい手があったら楽だろうなと思います。片一方で絵を描きながら、片一方で飯を食いながらも、まだ手はいっぱいある。

千手観音さまは〝あの手この手〟にいろんな道具を持っていますけれど、手は全部、私たちのほうを向いていきます。反対を向いている手は一本もありません。弥勒さまにしても阿弥陀さまにしても、みんな私たちのほうを向いているでしょう。あれはなぜかというと、私たちを迎えいれる手なのです。

赤ちゃんは生まれてくる時に、母親のお腹の中から手を握り締めて生まれてきます。母親のお腹の中で心がつくられるのではないかなと思うのです。そして親の元に出てきて、自分はこういう人間ですよと、名刺を出すように、指をだんだん広げるのではないでしょうか。そんなふうに私は思うのです。

指一本一本にも役割があります。

小指は温度と味覚を知る指です。

次に薬指。両隣の指の腱とつながっているのは、この指だけです、だから、これをひっぱったり、後ろに曲げたりすると、痛いですね。痛いということは、治癒能力があるということ、身体が健康になろうとしている証拠です。二日酔いとか、あんまり身体の調子のよくない時にこれをやってもあまり痛くありません。やっているとだんだん痛くなってきて、次第に身体が治ってくるのです。なるほど薬指だなと思います。

真ん中の背の高い指は、目の働きをします。盲人のかたが点字をお読みになる時は、たいていこの指です。

人差し指は気の役目です。気とは、自分の心から外に出る思いで、〝プット・アウト〟。親指は心を表します。外から中に入ってくるのが心で、〝プット・イン〟。気と心の下に、「配る」をつけると違いが分かります。「気配り」と「心配」の違いです。「気づかい」と「心づかい」の違いです。それがこの二本にあるわけです。私たちは人差し指をいちばんよく使いますが、よく使うからといって、この指だけで作業はしにくいです。親指があるからありがたいのです。

左手は人間の心を、右手は仏さまの心を表します。左＝衆生、右＝仏、合わせて「南無の一声《いっしょう》（右ほとけ左われとぞ合わす掌の中ぞゆかしき南無の一声）」です。左手の人差し指は人間の気を発します。その左手の人差し指を仏さまの心が包み込んでくれているのが、大日如来さまが組んでいるご印です。大日如来さまのお顔を見ていると、なんとなくありがたいなと思います。

ほかには、左手にタマを握ってあるお地蔵さまがいます。災難を除ける珠の玉です。お地蔵さまは困っている人がいればいつでもどこへでも出かけていき、私たちを助けてくださいます。お地蔵さまが持っているのが掌《たなごころ》、いわゆる手の心です。そこにひとつの世界があります。

お地蔵さまが六体並んでいるのをよく見かけますが、これは六道に関係しています。地獄、餓鬼、畜生、修羅、人間、天上の六道の中に一人ひとりがいらっしゃるわけですから、地獄にみなさんががお行きになったとしても、救いの手を差し伸べてくださるでしょう。地獄の閻魔さまだって、お地蔵さまの化身です。顔で怒って心で泣いておられます。閻魔さまは本当は優しいのです。そばについている鬼が怖いだけです。

生きながら地獄にするか極楽にするか

みなさんがたは、死んだら多分、西方の極楽浄土にお行きになるだろうと思うのです。夕方のにぎにぎしい、西方のきらびやかなお浄土に阿弥陀さまがお迎えにおみえになるでしょう。ところが中には私のようなのがいて、地獄行きの切符を受け取らされます。地獄に行くと、大きな鏡があり、そこに自分の一生がパーッとビデオテープを再生するように映るのだそうです。自分が恥ずかしいことしたり、悪いことをしたところだけは、スローモーションで出てくる仕掛けになっています。良いことや立派なことをしたところはサーッとハイスピードでいくわけで、不公平です。それをじっと閻魔さまがご覧になっていて、「おまえは地獄や!」となるわけです。

今の子どもに「地獄だよ」と絵を見せても「わあ、これなに、おじさん」と言って、全然怖がりません。「なーんだ、絵じゃないか。怖くない」と言うので、大人はがっくりくるんです。

だけどよく考えると、地獄も極楽も、死んだ人が行くところです。最初に申し上げたように、極楽は西方浄土、東方浄土は弥勒さまや、病を治す薬師如来がおられるところ。その西と東のはざまに私どもがいるわけです。

この世を生きながらにして地獄にするか、極楽にするかは、その人の荷物の持ちようひとつではないでしょうか。

では、どんなふうにして荷物を持てばいいのでしょうか。決して諦めるのではありません。そうではなくて、〝方向転換する〟、考えかたを変えるのです。つまり、価値観を変えることではないかなと思います。そうしたら、苦しいことも、災い転じて福となすことだってあるのです。そのことが原因で、すばらしい明日が開けてくることだってあるわけです。

その人なりの役割

「涙」という字があります。あれは「さんずい」に「戻る」という字を書きますが、涙を流したら心を引き戻しなさいということです。「泣く」という字は「さんずい」に「立つ」と書きます。泣いたら立ち上がりなさいということです。私はそこに、人間の人間たるゆえんがあると思います。

確かに、「人生は、はかない」という人もいます。それは人の命ですから、「朝《あした》の紅顔《こうがん》夕《ゆう》べの白骨(朝には紅顔ありて夕べには白骨となれる身なり)」。今日も、ほんの四、五日前まで話していた人の葬儀をしなければなりませんでした。これほど切ないことはありません。だけど、その人はその人なりの役割を終えたんだ、その人が背負った荷物を、やっと下ろし切れたんだ、と私は思うのです。なので、たとえ自殺であっても、それを責めることはできないと思うのです。

我々だって紙一重です。いつ死ぬやら分からないですから、明日の命も分かりません。しかし、生きている限りは、生きながらにして、この世界を浄土にしたいなと思うのです。

浄土とは、「争う」という字に「さんずい」をつけます。争っても水に流しなさいということです。なにも美しいばかりが浄土ではありません。汚いところもきれいなところも押し並べて、全部さらけ出して、これでもかこれでもかといって一所懸命生きていくところに、人間の浄土があるのではないでしょうか。

夢を見れる人がいい

子どもだって受験だ受験だといって苦しんでいます。大人だって苦しいです。だけど一所懸命、前を向いて生きている子どもはすごいじゃないですか。大人だって夢を持っている大人はすごいですね。九十になろうが百になろうが、夢を持っている人は素晴らしいです。

苦しさはみんな同じくらい背負っています。その中で、人としてこの世に生を受けたと感じるならば、その思いが天に通じるのではないでしょうか。あるいは人に通じるのではないでしょうか。いつも私はそう思います。

この間、私の寺に一人のおじいさんが訪ねて来られました。十何年か前にうちのお寺に訪ねてきたことがあるそうなのです。「あの時は、まだこのお堂も、あのお堂もありませんでしたな」と言われるので、よく話を聞いてみると、その人は私の寺に自殺をしにきた人だったのです。

その日はとても暑い日でした。私はまだ独身で、托鉢をして帰ってきたところだったようです。義足をはずしたら、たまった汗が水のように流れてきて、すれるために義足に血がにじんでいました。その義足を日陰干にして、汗を切りながら血のついたところを水で洗っていたそうです。寺は誰も来ない山の中ですから、誰に遠慮することもなく、外でやっていたんですね。それをじっと見ていたとおっしゃいました。

そのかたは、その時、壊疽《えそ》で足を切り落とさなければならない状態になっていたのだそうです。自分で細々と鉄工所をやっていましたが、他に仕事もできないし、足を切ったら、とてもじゃないけど仕事などできないから、自殺しようと思って山の中に入ってきて、寺で私のそういう姿を見たとのことでした。私に声はかけられませんでしたが、「和尚の姿を見ていたら、死ねんようになりましてね」とおっしゃいました。ああ、私も良いことしたのだなって、その時に思いました。そのかたも今は片足がありません。

よく話を聞いてみますと、両足そろっていなければ生きていけないと、頭から決めつけていたということです。だけどその人は、「片足抜いたおかげで、ずっと世界が変わってきました。いろんな勉強させてもらいました」と言われます。今は会社も大きくなっているらしく、運転手さん付きの立派な車でおみえになりました。やっぱり人間は分からないものだなと、つくづく思いました。

ぎりぎりのところで智慧が出る

「これでおしまい」と思った時はだめです。「これで終わり」と考えたら、人間はそこから本当の終わりが始まるような気がします。「まだまだ何とかなるのではないか」、「何か工夫ができるのではないか」と考える、その工夫が「智慧」だと思うのです。大学まで行けば、それは確かに知識は教えてくださいます。ところが智慧は教えてくれません。

智慧とは、生きための精一杯ぎりぎりのところで、こうしよう、こうやればいいんじゃないかと、ふっと生まれてくるものです。〝文殊の智慧〟が、実はそこにあるような気がするんです。

失敗を重ねていって、人間はきっちり生きれるのではないかと思うのです。きっちり生きられなければ、したたかでもいいじゃないですか。転んだら、馬グソつかんで立ち上がってくるくらいの根性があっていいと思います。「こけた！」で終わりじゃなくて、こけたら、「立ち上がろう。なんべんこけてもいいじゃないか。ぼろぼろになってもいいじゃないか。とにかく立ち上がっていこう」という思いが、必ず明日をつくっていくと思います。

いろんな思い、ねたみ、恨み、つらみ……そういうものが首にぶら下がっていると、重たくてたまりません。「私はいらん、そんなもんは」と言って、それを仏さまに預けるわけです。

今日を大事に生きる

何が大事かというと、「今日を生きる」ことがいちばん大事ではないでしょうか。恨まないで、ねたまないで、今日一日、とにかく一所懸命生きていけば、どうにかなるのではないか。そう思うのです。

「密厳《みつごん》浄土」という言葉を、最後にひとつご説明申しあげます。これはきれいな極楽のその上にある、きらびやかで荘厳な世界です。この世の中でこれをつくりたいと願うのが、人間本来の心ではないかということを申し上げたいと思います。

それは難しいことでも何でもありません。お金を積んだからといってできることでもありません。挨拶ができるか、ニコッと笑うことができるか、相手のことを思うことができるか、たったそれだけのことです。しかし、それができないのです。ニコッと笑って「おはよう」と言えば、向こうだって「おはよう」と言います。それなのに、ブスッとして挨拶もろくにしないのは、やはりいけません。

今日、私もせっかくいいこと言いましたので、明日から心にむち打って実行しようと思っています。明日の朝、女房の顔を見て「おはよう」と笑って言ったら、「なん考えとうと?」と言われるかな。それでもやってみようと思っています。親にも笑顔を見て「おはよう」と言おうと思います。「いつもは、ジョン、行ってくるぜと、犬には挨拶しても、私には挨拶してくれん」と、じいさんがこぼしていたかもしれませんからね。

だからどうかひとつ、みなさまがたも、家庭の中をご浄土にしていただきたいなと思います。これは西方でも東方でもありません。〝中央の浄土〟〝真ん中の浄土〟です。今、みなさんご自身がいらっしゃる家庭のまん真ん中のことです。そして、家庭が浄土だったら、その隣近所も浄土になってきます。まず「おはよう」「こんにちは」と言い合えればいいのです。「最近どう」と声をかければいいことです。

その一つひとつの言葉がぬくもりをつくっていって、お浄土が生まれるのではないか、本当にありがたいと思えるのではないか、と考えるのです。つらい時に声をかけられるのは、うれしいものです。その思いを一人ひとりに分けてあげると、ご自分にもそういうものが返ってくるに違いないと、そういう思いがしてしようがないのです。

堪忍袋の作り方

このへんで話をまとめたいと思いますが、まあ、まとまりのないのが私の話でして、最後に、〝堪忍袋〟を作って終わりにしましょう。

先ほど申したように、人差し指が「気」を表す指で、親指が「心」を表す指です。両方の指で丸い輪を作ってください。その輪を堪忍袋の袋の口に見立てて、そこに空気を吹き込みます。吸ってはいけません。全部吐き出すのです。ただ、腹が立っていると、ふくらみません。

朝、出かけに女房の一言に腹がたったら、ぐっと抑えて「ちょっと待ってね」と堪忍袋をふくらませましょう。三つくらいでおさまるでしょう。それでニコッと笑って、「はい、すみません。私が悪うございました」と言えばそれですむんです。そこで「俺は亭主だぞ!」と思うからいけないのです。

とにかく、堪忍袋です。腹が立ったら、これをひとつお作りいただいて、ふくらませます。「するが堪忍、せぬが堪忍」といいますでしょう。破れたら縫い、また破れたら縫い、もういっちょう破れたら縫いと繰り返してください。といっても、この堪忍袋は破れませんから、どんどんふくらましてください。これが大きくふくらめばふくらむほど家庭円満です。空気を全部吐き出すと、腹式呼吸にもなりますので、ぜひひとつお作りいただけたらと思います。

施のこころ

子は親の背を見て育つ

今日は、「施《せ》」の話をしようと思います。

普通、坊さんが施の話をすると、ギブ・アンド・テイクではなく、ギブ・アンド・ギブ、「無財の七施」という話で終わります。無財の七施とは、お金、物品がいらない七施で、顔の施《ほどこ》しとか言葉の施しとかを言います。

「施」という文字の右側を今一度よくご覧になってください。上に欠けた矢がついています。その矢が飛んでいく方向なり（也）と書いて、「施」なのです。

この施は世の中のほう、この世（世間）に飛んでいきます。「世間」という言葉は仏教用語です。「世間」の「世《せ》」は「世《よ》」とも読み、この「世《よ》」は与える「与《よ》」に変わるのです。そして「施」は「背」に変わるのです。

今日は、この「施」の話をいたします。

私、寺の住職は辞めました。衣を着てお経を上げるのもいいのですけど、私は人間がだらくさ（いい加減）にできていますので、じっと一カ所にいることがどうしてもできません。不住職だといつも言われていましたので、せがれが高野山から帰ってきたのを幸いに、さっさと譲ってしまったのです。名誉住職という名前だけもらって、めったに寺に寄り付かないようにしています。寺に行くと仕事をさせられますからね。寺には本尊さまより怖いのが一人、山の神というのがおります。機嫌を損ねてはいけないから、たまには帰ります。

この前帰ったら、びっくりしました。せがれが麦藁帽子をかぶって草刈りをしていました。その姿を見ると、亡くなった父親の背中にそっくりなんです。どきっとしました。人間は、化粧したりなんなりで前は作れます。しかし、背中は作れないし、嘘がつけないのです。

昔は、「子は親の背中を見て育つ」と言っていましたけれど、今の親は背中を向けないで、前ばっかり向けています。前ばっかり向いている相手は何かといったら、ペットなんですよ。ペットには背中を向けません。背後から嚙みつかれても困りますからね。そうでしょう。今は子育ても前だけを見せているのです。

背中をもう一度考え直して

先日、国立劇場で芝居を見ました。出演中の役者さんに用事があったので、楽屋口のほうから入っていって、舞台のそでから役を演じている方の背中を見たのです。その時も背中はすごいと思いました。役者はいつもは正面を向いて演技をしているから、客に背中は見えないのです。

背中を向けている商売は坊さんだけです。仏さまを向いて拝んでいて、後ろに坐っている檀家さんは全部、坊さんの頭と背中を見ています。葬式の時、会葬者は焼香なさる方の背中を間近で見ます。

背中は、いやというほどその人の気持ちが分かるものなんですよ。前の表情はそれこそいろいろ作れますけど、背中は作れないのです。

「背」という漢字はなぜ「北の月」なのでしょうか。「月」は身体を表す字ですから、胃も腸も全部「月」がつきます。では、なぜ「北」なのか。お寺の北側（裏側）のことを「うしろ（後）」と呼びます。「南向北坐」と言い、南に向かい北を背にして坐ります。天皇陛下の坐り方と同じです。ここから始まったのです。

北を背にするということはどういうことでしょうか。北側は、いちばん苦しいところ、冷たいところ、悲しいところで、それを背負うということです。「背で負ける」と書いて「背負う」と言います。背中でそれを受け止めるのです。

種田山頭火に「うしろすがたのしぐれてゆくか」という句があります。あれが前だったら、「しぐれてゆく」という表現はピンときません。自分の前に影を見せている、その背中をもう一度考え直していいんではないでしょうか。今の若いお母さんは、子どもを前に抱いています。昔は両手が使えるように、子どもを背負っていました。お母さんと同じ目線で、「ほら見てごらん」と世の中を見せるわけです。子どもはお母さんの背中から、ああそうかと見ます。今のように前に抱いていたら、何が見えるのでしょうか。

「背中に負う」のと「前に抱く」のとでは、意味が違います。大切なのは背中の「中」という字です。腹中といったら腹の内部です。背の真ん中と書くと、右にも左にも判断が偏らないということでしょう。

舞台で演じている役者さんは、スポットライトを浴びて、前は本当に輝いています。しかし、輝いていればいるほど、後ろは暗いのです。だから輝いている前だけを見て、あの人はすごい、と思っていても、それだけでなく、その人の背中にどれだけ深い影があるかを人間は知らなければいけないと思います。

背中にその人生が表れる

うちの檀家さんで、お父さんと喧嘩して実家の熊本に三十数年帰っていないという人がいました。お母さんとは時々手紙をやりとりしたり、電話をしたりしていたらしいのですが、父親とは口をきいたこともないというのです。しかし、年が五十歳を超えると、両親のことが少し気になりだし、何も知らせずに帰られたそうです。

帰ったところ、両親が畑を耕していたそうです。お父さんが鍬を持って、お母さんがその傍でしゃがんで草をむしっていました。その背中を見ているだけで、両親の三十何年の思いみたいなものが痛いほど分かったというのです。とにかくたまらない気持ちになって、自分もワイシャツの袖を上げて手伝いはじめたら、父親と目が合ったそうです。すると、父親が黙ってうなづいてくれた。言葉はいりません。「その時に初めて親父の思いが分かったような気がします。それから孫を連れて熊本の家に帰るようになりました」と言っていました。

父親とおふくろが何を与えてくれたかというと、命です。その命を自分がどう使いこなしたかは、全部〝背中〟に出ると思います。

ところが、年を取るのがいちばん早いのも背中なのです。いくら厚化粧しても、背中だけは年が隠せません。背中で年がばれます。

今日、久しぶりに天神の町を車で走っておりましたら、今どきの若いおねえちゃんはすごいですな、背中をむき出しにして道を歩いています。シミやらホクロやらがいっぱいあって、うらめしいと思うけれど、自分で背中は見えないですからね。そうでしょう。だから恐いのです。

女性でも、男性のがっしりした背中を見てすがりたいという思いがあるのではないですか。ところが、仏さまにすがろうと思っても、仏さまの背中にはすがれないのです。たとえば、十一面観音さま、真後ろにある顔はどんな顔をしているかご存じですか。呵呵大笑《かかたいしょう》、大笑いをしています。背中にすがろうとして近づいて、うはっはっと笑われたら、頭にくるじゃないですか。では、お不動さまにすがろうかと思うと、お不動さまの後ろのほうは炎がぼんぼん燃えています。あんなところにすがったら、熱くてたまらないですよ。こんなふうに仏さまの背中にすがろうと思っても、なかなか難しいです。仏さまは前しかすがれないのです。

してやったぞと欲が出る

「瀬」という字があります。水に頼ると書いて「瀬」。これは「水に逆らうな」ということです。水に逆らうから、やお（うまく）いかんのです。水が流れるがごとく、すっと流れていけばいいのだけど、人間はついつい逆らうのですよ。欲があるから逆らうのです。

仏教で「法」というのは真理とか真実とかいう意味ですね。サンスクリットで言うと「ダルマ」です。この法を施す「施法」というものがあります。法を施すとは、知らず知らずに真理を行うと考えたらどうかなと思います。分かってやるのは誰もがするけれど、分からないでやる、思わず知らずやっていたということです。

あるところに、口やかましい親父がいて、毎日朝早く起きて、玄関先を掃いていました。そこに新聞配達の少年が朝刊を配りにきます。その子に向かってその親父は、「今日も頑張れよー」と声をかけるのですが、その少年はいつも鼻先でへれへれと笑っていくだけ。親父は頭にきて、新聞販売所に怒鳴り込んだのです。「どういう教育をしているんだ、お前のところは。挨拶もできんのか」。そしたら新聞屋の親父が「実はあの子は耳が聞こえないんです。お母さんと二人の母子家庭で、一所懸命頑張っているんですよ」と言ったので、親父はびっくりしたわけです。

その次の日に親父がどうしたか。名前を聞いていたので、ダンボールに「〇〇君、おはよう、今日も元気で頑張って」と書いて、見せたのです。そうしたら、その子が何べんも頭を下げていくのです。その子にとって、そうやってくれる大人がいることは、すばらしいことです。ものすごく勇気をもらうはずです。

施すというのは「何気なくやる」と私は言いましたけど、「してやったぞ」と思ったら、そこに欲が出ます。

私が学生のころはまだ景気がよく、大阪の西成・あいりん地区でもぼんぼん家が建っていました。そのあいりん地区で道端に座ってお金をいただく「乞食」の人と友達になりました。「あんた、人に頭を下げるのはつらかろう」と言ったら、その人がこう言ったのです。

何がしかのお金、五円でも十円でもくれる人に金持ちさんは少ないんだ。頭を下げられたことがないやつが恵んでくれるので、私はその人にいちばん大きい最敬礼のお辞儀をする。お辞儀をしてもらったことがない人は、それで嬉しいじゃないか。それが私の〝サービス業〟だ。金持ちなんて車でシャーといって、絶対に一円だってくれないんだ。くれる人は俺よりちょっといいか悪いかくらいのもんだ。しかしその人に「どうもありがとうございました」と一所懸命頭を下げてやる。そしたら下げてもらった人は、自分に頭を下げてくれる人がおると思って喜ぶんや。

五円で土下座してくれる人はそうないです。それこそ、どっちが施しているか分からないと思ったことでした。

仏さまにお任せしています

大石順教という両腕のない尼さんがおられました。私は十九歳の春に、その方をお尋ねしました。その時「失ったものを欲しいと今さら思っても、それは返ってけえへんで。のうなったものを求めるよりも、あるものを何で使わへんね」と言われ、生きることに目覚めた思い出があります。

みんなそうなんですよ。ないものねだりばっかりしている。あれがないからできん、これがないからできん、と。でも、それは全部言い訳だと言われました。すべてに言い訳しながら生きてきた自分がいます。しかし、残り物には福があると言います。己が手も残っている、目も残っている、俺も結構何かできるのじゃないかなと思い始めたきっかけが、その一言でした。

その日はその寺に泊めていただきました。次の日の朝のことです。まだ十九歳ですから、しょうもないことを考えました。両腕がない尼さんが、どうやってお勤めの時に手を合わせるのか、朝早く起きて見てやろうと思ったのです。朝、本堂へ行ったら、何のことはない、私より早く起きて本堂に入ってお勤めされているのです。鈴が鳴るような声の読経が流れてきています。はあ、もう起きとうばい、やっぱり年寄りは早いばいなと思って、そっと襖の障子を開けました。すると、大石順教さんの背中が目に入ってきました。その瞬間、足がすくんで入れませんでした。

その背中が、身体で合掌している姿だったのです。手の先だけの合掌ではありません。それを見た私は、足がすくみました。私はまだ何の信仰心もありませんでした。仏さま？　そんなもの知るか、と思っていた自分が、何も考えずにその背中に思わず祈りました。仏さまに祈っているのではないのです。大石順教さんの背中に思わず手を合わせたのです。手を合わせるしかなったのです。それほどの背中を見せてもらいました。あんな背中は、あれ以降あまり見たことがありません。それは無欲の背中でした。お任せしている背中です。

どうこうと計らいを考えている間はまだいけません。それが「瀬」でしょう。自分がああ考えて、こうやってとやっている間は水の流れに逆らっているかもしれないけども、いよいよ切羽詰って、ああ死んでもいいわと力を抜いて水に任せたら、プクッと浮くではないですか。そこなんです。もうお任せしていますという感じで、仏さまの懐に抱かれるのです。

順教尼さんの後ろ姿を見た時、行も何もしていない小僧の私でもそれが分かりました。もう一度この目で見てみたい、拝みたいなと思います。自分の人生を大きく変えてくれたのはあの背中かな、と思っています。

背中は嘘をつかない

小学校六年間、ずっと一緒だった友人がいます。こいつが嫌なやつで、パーマネント屋のせがれ。私ができないことを言いやがるのです。ちょちょんと指で突付いて、「おい走ってみい」とか「飛んでみい」とか言う。捕まえて殴ってやろうと思うのだけど、こいつが、あとで国体の選手になったぐらいですから、逃げ足が速い、速い。六年間、何で俺は足がないのだろう、両足があったら、あいつに負けるものかと思いながら過ごしました。あいつのおかげで学校がおもしろくないことが再三あったし、学校に行きたくなかったこともありました。

今のようにいじめの問題があまりない時代です。いじめといえばいじめかもしれないけれど、子どもがやることだから、そんなに大きく取り上げてくれないし、親に言いうこともなかった。それに自分でも何か悔しくて言えませんでした。

中学校になったら、小学校が三校くらい一緒になりますから、まさかあいつと一緒になることはないだろうと喜んで中学校に行ったら、何のことはない、また同じクラスになったのです。あーあと思って、翌日学校へいくと、席が隣になっていた。

そいつが、「おい、海水浴は長垂《ながたれ》に行くぞ」とみんなに言うのです。そして私のほうを向いて、「お前も行くじゃろう」。私はそれまで海水浴はしたことがありません。だって海の家までは行けますけれど、海の家からどうやって海に入りますか。両足義足を脱いで、転がって行かんとしようがない。それを知ってか知らないか、そいつが言うのです。ほかのやつが言ったのだったら、「おれは行ききらん、止めとこう」と止めたかもしれないけれど、そいつが言うから、くそ負けるかと思って、「おお行こうぜ。行こうぜ」と言ってしまった。それから、俺はどうやって海に入るのかなあと思って、新聞紙を前においていこうかと考えたり、転がったほうが早いかなとか、いろいろ考えたのです。考えたけど、これという答えが出ないわけです。

その日になって、頭が痛いとか、腹が痛いとか言ったら、そいつがまたいらんことを言うだろうなと思うから、「くそたれ！　ばかたれ！　長垂が！」と思いながら、長垂まではとぼとぼ付いて行きました。海の家まで行ったのですが、他の連中はバーッと着替えをして、ダーッと海に走っていった。私のことなんか誰も気にしてないし、気にしてもらわない方がありがたいのです。あいつらが帰って来るまで待っていようかなと思いながら、それでも自分だけ洋服を着ているのもおかしな感じで、海水パンツは持ってきているし、せっかくだから履き替えておくかと思って、義足を脱いで、履き替えて、床にすわっていました。

そうしたら浜に降りる階段の下から、いちばん先に飛び込んだと思われるそいつがすっと顔を出しました。「おい、なんしょるとや、早くこいや」。ドキッとしました。その目を見た瞬間、ほかのやつはどうでもよく、私を海に連れてきたかったんだという思いが分かったのです。「早くこいや」と何気なく言って向けてくれた背中は、「してやるぞ」とか「連れていってやるぞ」ではありません。私のほうも自然に、何のためらいもなく、「ごめんね」と言いながら、そいつの首につかまりました。今でも覚えていますよ、そいつの背中がでかかったことを。私は中学校一年の時にすでに結構大きかったのですが、そいつもがっちりしていたから、耳元で「ごめんね」と言ったのです。「なに言うか、ばかちんが」という言葉が返ってきました。

それから毎日そいつと海水浴に行きました。まっ黒けです。おかげで、今でも泳げるのです。それ以来、ずっと付き合っています。そいつと飲む酒がいちばんうまいです。あまり気の効いたことはしない男なので、上司ともうまくやれというのだけど、無骨でね。未だにそいつとは腐れ縁というか、腹を割って話せます。

背中は嘘はつかない。つくづくそう思います。人は施しが大切だとかなんだとか言葉では言えます。しかし施しているかどうかは、その背中で分かります。だから北側の月なんです。北側（いわゆる苦しいほう）に背を向けている身体ということです。背を向けているのだけども、そっちを常に意識しているということです。

背中が縁につながる

俳人の大山澄太さんが種田山頭火の家をお尋ねになった時のことです。ぼろ家ですから、隙間風がいっぱい入ってきます。山頭火は壁に背中を押し付けて、そこから動こうとしませんでした。あとで、大きな隙間から入ってくる風を、山頭火が自分の背中で受け止め、大山さんに風に当たらないようにしていたことに気づかれました。

背中が何につながるかというと、縁につながります。この縁が、いい縁をもてばいいですが、しょうもない縁をもつばっかりに運に見放されることもあります。

まず親子の縁があります。親が前ばっかり向いて子どもを育て、背中を見せないと、段々親の言うことを聞かなくなってきます。親の気持ちがが分からなくなります。だって親は前を一所懸命つくりますから、建前ばかりです。そうでしょう。テレビに出ている人もみんな建前ばかりです。背中で演技なんかしていません。背中で演技をするのは高倉健さんくらいのものです。

背中をさらけ出して見せる親は、一所懸命やっている親です。親の背中を見て子どもは育つというけれど、これも縁です。背中を向けても大丈夫な人とどれだけ縁を結んでいるか、前だけの縁しか結んでいない人との前と前の付き合いではなく、背中をさらして見せられるような付き合いをしているか。背中って見えないところですし、いちばん弱いところでもあるのです。

あなたのおかげです

縁をつくるということは、つまりは最初に言った「矢の飛んでいく方向なり」なのです。前に向かってくる矢はトンと落とせますが、背中に向かってくる矢は落とせないので、ずしっときます。うつ方だってギブ・アンド・テイクじゃない。縁をつくる時は、ギブ・アンド・ギブなのです。「させてもらう」という思いです。

ボランティア、ボランティアと気安く言っていますけれど、「してやっている」という思いがどこかにないかといつも思います。そういう人はうまく行くと、「俺がした」となります。うまく行かないと、「お前が言ったろうが」になるのです。前でやると、どっちかに偏るのです。背中でボランティアができないかなと思います。

そもそも「ボランティア」という言葉自体がどうも私は好きではない。してもらったら、「おかげさまで」と言うのです。「おかげさまで」というのは背中のこと。前じゃない、後ろです。あなたのおかげでと、後ろに対してお礼を言っているわけです。それがさっきいったお世話になりますということです。

だから介護を受けている人に「お世話になりますね。あなたのおかげで私は今日一日爽やかに過ごせます」と言われたら、介護するほうだって一所懸命になるのではないですか。お金を払っているから当たり前と思ったら、そこに心は残らないです。介護保険が高くなったどうなったとややこしい時代になりましたけど、お金だけではない、そこに何かプラスアルファが欲しいです。お金で考えるのは前の部分で、それもある程度考えなければならないと思います。しかし、それを後押しするのは背中です。そういう背後の思いがあるから、「おかげさまで」と心から言えるのではないでしょうか。

時々、己の背中を見てみないといけないと思うのですが、これが見えません。見にくいのです。自分が見えないところ、そこが縁をつくる場所であるし、そこが人間をつくっているおおもとの場所でもあります。だから右と左、陰と陽といいますけども、前と後ろも陰陽があるのだということです。右左よりも、前後ろの方がはっきりしています。

人の心まで掃除をしたおばちゃん

大阪の知人から葬式の依頼がありました。「あまりお金がないので、交通費が出せるか出せんかギリギリなんですけど」と頼まれたのです。「いいよ交通費なんか。どうせ大阪に行く用事があるから」と、私は豊中の小さな斎場に葬式に行きました。

亡くなった方のご主人は以前、工務店を営んでいました。ところが、裏書をした手形が不渡りになって工務店がつぶれ、保険金で何とかなるのではないかと、首を吊ってしまったのです。ちょうど都合の悪いことに、一人息子が飲酒運転をして、人を一人をひき殺しました。その奥さんは五十歳をすぎて、ぽんと世の中に放り出されたわけです。それまで何もしたことがなかったので、スキルも何もない。ハローワークに行っても仕事があるわけがない。

それでも必死で探し、私鉄の沿線の便所掃除を紹介されました。すぐに辞めるだろうと思って、その職員は連れて行ったのだろうと思うのですが、奥さんは毎日そこを一所懸命に掃除しました。落書きを消して、自分の通勤途中にある花屋さんに、開いてしまって商品にならなくなった花を「捨てるのだったらください。二日でも三日でも咲いているでしょうから」と言ってもらってきて、空き缶に入れて並べて置いたのです。そうしたら、それまで寄り付きもしなかったOLやサラリーマンが用を足すようになって、「おばちゃん」と声をかけるようになりました。便所がきれいになったら、駅もきれいになってきたというのです。

奥さんは給料の中から自分がいる分だけをとって、残りは交通事故で家族をなくした被害者の家に毎月持って行きました。そして、「わずかしかないですが、振込ではなく毎月持ってきますから」と言って、線香をあげました。

その息子も交通刑務所から出てきてからは、おふくろさんのそういう姿を見て、結婚もしないで朝昼晩働き、一切無駄遣いをせずに、自分もいる分だけとって、毎月そこに持っていって線香をあげました。遺族の方が気にして「もういいよ」と言うくらいになっていました。

おばちゃんはそれから二十何年勤めて、八十歳を前にして脳卒中でぽっと倒れられたのです。お金がないので豊中の小さな斎場で葬式を行うことにしたのですが、坊さんを呼んだら高くつくので、安い私が呼ばれました。「なんぼでもいい、いらんよ」。そう言って私は行ったのです。

そうしたら、なんと焼香人が八百四十人も集まりました。今は携帯やメールなどが発達していますから「あのおばちゃん死んだやでー」と言ったら、わあっと集まってきたのです。そして、みんな泣くのです。リストラで会社を辞めさせられて女房子どもにどうやってその話をしようかという時に、おばさんに声をかけられて元気づけられたとか、彼氏に逃げられて死のうと思ったところにおばちゃんが来て励ましてくれた、私はおばちゃんのおかげで自殺しなくてすんだとか、そういう話を後でいっぱい聞きました。

おばちゃんは、ただ一所懸命掃除をしただけです。掃除をしただけなのですが、人の心まで掃除をしたのです。これは「してやるぞ」とか「してやったぞ」とかじゃないでしょう。仕事をしなければ食えませんから、前向きに掃除をしました。それでもかつかつで、自分のものは何もないくらい努力して、とにかく息子の罪を早く償おうという親の思いを背中に背負いながら、申し訳ない、申し訳ないと思いながら、ひたすら一所懸命やっただけです。そしたら八百四十人ものご縁が集まったのです。すごいことだと思いませんか。

とにかく焼香所が足りなくて、おぼんに灰をのせて回したくらいです。みんながそれぞれ言うのです。あのおばちゃんのおかけで、今日の私は一所懸命頑張れるのですとか、おばちゃんがどういう人か知らなかったけど、あのおばちゃんの笑顔を見ただけで力をもらいましたとか、ＯＬさんなんか泣きの涙です。「仕事がつらくてセクハラで辞めようと思って電車を待っている時に、あのおばちゃんに声をかけられて、背中をさすってもらった。その温もりが故郷のお母さんとオーバーラップして、なんか頑張ろうという気になった。今は役付きになったのは、あのおばちゃんのおかげなんですよ」。一人ひとりが、それぞれおばちゃんとの思い出を持っていました。

二十何年ただひたすら掃除をしただけ。それが縁をつくっていったのです。死に顔はきれいでした。いちばん泣いていたのは、交通事故の被害者の遺族です。「お金なんかどうでもいい。とにかくうちに来てくださることが楽しみだった。最後のほうは早く来ないだろうかと、そう思うようになっていた」と。

人の付き合いの中で、縁をどれだけつくっていくか。口でいうのは簡単ですが、実行するのはむずかしいです。変な話、八百四十人も集まられたので、香典だってそこそこのものになり、その息子は一円も使いませんでした。そして「おふくろの骨を預かってください。今は金がないけれど、一所懸命頑張って墓を作ります。それまでちょっと預かってもらえんかな」と言うから、「ボチボチよかよ、墓のことやけん」と言って、今、うちに祀っています。でも、すぐに墓を作るでしょうね、一所懸命働いているもの。

背中を大切にする

悔やんだり恨んだり妬んだり、それも背中に出ます。恨みつらみというのは全部背中に出ます。顔に収まりきれないのです。しかし、真心も全部背中に出てきます。あまり表情には出てこないです。背中は嘘はつきません。そういう思いで「背」という言葉があるのではないかと思います。施すという「施」もある。世間という「世」もある。その中で我々は生かされているのではないかと、つくづく思います。

これは別にむずかしいことでもなんでもない、当たり前のことですけど、親の背中に手が合わせられるようになったら、人間も一人前かなと思います。私はそれだけは残念だった。父親とおふくろの背中に手が合わせられなかった、合わせないで終わっちゃった。墓石に手を合わせても、何も言えないですものね。せめて父親やおふくろの背中をさすってやりたかった。

「うしろすがたのしぐれてゆくか」という山頭火の句は、その後姿の中に、しぐれの冷たさ、暗さ、悲しさ、全部が入っています。句の意味は、そういうことでしょう。だから背負いきって人間は終わるのかな、そう生きらないといけないのではないかと思います。

お相撲さんだってそうです。勝って帰る時は反りかえっていますけど、負けた時は肩をがっくり落とします。見ただけで勝敗がすぐに分かります。私たちは、せめて毎日の生活で胸を張っていきましょう。そしてその背中を誰かが見ているということを忘れないように。本当に誰かが見ているのですよ、その背中を。背中を見たら、嘘はつけません。背中には全部が表われています。前だけの付き合いをするのではなく、背中を預けられる人がいるかどうか、せめて背もたれになってくれるような人がそこにおったらいいなと思いますね。

「浜までは海女《あま》も蓑着る時雨《しぐれ》かな」という滝瓢水《ひょうすい》の歌があります。海女さんとは海に潜って貝などを採ってくる人。どうせ濡れる身体です。濡れる身体ですけれど、浜までは蓑かさ（カッパ）を着て濡れないようにして行きます。蓑かさは背中に被ります。時雨は冷たい雨です。急所である背中が雨に当たらないように、背中を温めるのです。つまり、どうせ死ぬ身体だけど、死ぬまでは用心して大事大事に使うということです。みんな前のことだけを気にしますけれど、背負ったものを濡らさないようにしながら、一生を終わりましょう。

日本の女性は世界一長寿です。男も世界で二番目になっています。しかし、嫌なことに毎年、自殺者が三万人を超えていて、交通事故による死者より多いのです。戦争で三万人死んだらひどいことです。それも、四十二歳から四十八歳の中年の男性の自殺者がいちばん多い。なぜでしょうか。背中がつっぱっているからです。前ばっかり大事にして、背中を大事にしないからです。背中には、そういう意味があるのではないかと思うのです。

自己満足の施しで終わるな

「背」には「本音」という意味もあります。本音を大事にすることは大切なことです。自分が何かをしたい、こうしたいということが本音だったら、それをやったらいいのです。それもまた施しの心です。まず自分に施さなければ、人に施すなんておこがましいことは言えないと思います。

前は言葉がいりますけど、背中は言葉はいりません。

障害者センターで、小学二年生くらいの男の子が理学療法士のリハビリを受けていました。毎日のリハビリに飽きていたのでしょう、外から装具をつけても、なかなか歩けません。そうしたら小学生のその子のお姉ちゃんが、その男の子の車椅子に乗って遊んでいるのです。「お母さん、ほら」と。すると、お母さんが女の子を車椅子から引きずり下ろして、「あんた、なにしよっとね。〇〇ちゃん（弟）の足よ。あんたのおもちゃじゃないとよ」とバチッと叩きました。女の子はウエーンと泣きだします。そこにお父さんがさっと来て、しゃがんでその女の子を抱きしめたのです。そして何も言わず、背中をさすりました。

お父さんは何も言えませんよね。いちばん苦しいのはリハビリを受けている子どもです。女の子だって、それは分かっているんです。分かっているけれど、せっかくの休みにここに連れてこられて、自分は退屈でしょうがない。お母さんを見ると、しゅんとなっています。そのお母さんを喜ばせようと思って、ふざけて車椅子に乗ったのかもしれません。

お母さんもそれを分かっているのだけど、どこかでカチンときてしまった。そして、背中で支えきれずに子どもに当たってしまった自分自身を分かっているのですよ。みんな分かっているのです。その空気がよく分かるのです。だからお父さんはなにも言わずに、女の子の背中をさすりながら、泣きたいだけ泣かしていました。私はいい家族だなと思いました。それが証拠に、帰りしな、女の子が弟の車椅子を押しながら、「なぐられたあ」と言っていました。

そうなんです。お互いが信頼しあい支えあうことです。おしくら饅頭ってありますけど、あれは温かいですね、背中と背中が合うから。背中ってそういうものです。叩かれた女の子の背中も、分かっているよという背中です。叩いたお母さんの背中も分かっている背中。お父さんの背中もそうです。

人間、死ぬまでにいろんなことがありますけれど、背中に手を回して背中を叩いてくれる人がいるかいないか、あるいは背中をさすってくれる人がいるかいないか。これは大きな違いです。せめて親兄弟や愛する人の背中をさすってあげられる自分が、さすれる自分が幸せだと思いましょう。そう思うと、世の中もうちょっと明るくなるのではないかと思います。背中に回したら、包丁を持って刺そうかと思った、コードで首を絞めようかと思った、そうなったら悲劇です。

こういう時代だからこそ「施」を考えることも大事ではないかと思います。施すと一口で言うけれども、「おかげさまで」という気持ちが入らなければ、施しにはならないということ、決して自己満足に終わってしまってはならないということを、改めて申し上げたいと思います。

冥土の土産屋開店

どうせ必ず逝きます

みなさんも、どうせ必ず逝きます。そんなに先のことじゃなくて、これは当たりはずれがないのです。逝かない人は一人もいません。逝ったところを冥土と言うのだそうですけれど、私もまだ逝ったことがないものですから、よく分かりません。

人間は、裸で生まれて裸で死ぬわけで、何一つ持って行けないのですけれど、「冥土の土産」ぐらいは持って行っていいんじゃないでしょうか。では、「冥土の土産」とはどんなものなのでしょうか。今日はそういう話を進めてみようと思います。

実は去年の十月から顔の右側に「耳下腺腫瘍」ができて、それが八〇〇グラムほどあるかなり大きなものでした。邪魔にはならないし、痛くもないしと思っていたら、あまりにも大きくなりすぎて、運転する時に右が向けなくなっちゃった。これはいかんと思って福大病院で切ったのです。

手術前のＭＲＩ検査時のことです。さすがに福大病院です。寝間着は確かに私が入るやつがありました。しかし技師の兄ちゃんが私のほうをちらっと見て、「器械に入るかな」とか言うのです。すごくプライドを傷つけられました。まあ、何とか入ったのですが、呼び出しボタンを右手に持ったものの、窮屈で押せません。中でガンガンガンガン音がしていて、ふと考えたのです。後で体が抜けるやろうか？　おかげでスポッと抜けたのですけど、その時、気がつきました。棺桶の幅が大体七五センチほど。ＭＲＩの台も七五センチくらいで、ほぼ同じです。これで俺も棺桶に入れる、と。棺桶には特注があるんですよ。でも、彫り物をした立派な箱になるだけで、大きさは一緒なんです。大きさの特注はできません。というのは、火葬場の焼き釜の大きさが決まっているからです。では、入らない場合はどうするかというと、袋に入れると言っていました。俺もその口かな。ちょっと痩せないと、棺桶を担ぐ人は重たいだろうなと言ったら、それは大丈夫です、キャスターがついていますから、と言われました。

死に方を考える

近ごろはやっているのがエンディングノート。死ぬ前にやっておかなければいけないことを書いておきましょうというものですが、そんな面倒くさいことをしなくても、やることはさっさとやればいいと思うのです。

死に方を考える人が近ごろ増えました。遺産相続は本人が書いたものが有効だとか、公正証書を作っておかなければいけないとか。まあ、死ぬのも面倒くさいなと思うのですけど、実際に死ぬ時はパスポートもいらないんですよ。乗車券も買わなくていいんです。ぽくっと逝くのです。

近ごろ、人が死に対して構えだしたなと思います。そういう生き方は果たしてどうなんでしょうか。例えば〝長生き〟。福岡にも長寿の会の支部がありまして、先日そこに講演に行ったのです。百歳の方がおられて、酒も飲まず煙草も吸わないで百まで生きる馬鹿がおる、と私が言ったら、えらくひんしゅくを買いました。けれど、長生きだけが幸せなんだろうかと、いつも考えるのです。

福岡市の西の果てのほうに介護療養型医療施設があります。身寄りのない方をそこでお預かり願っていたので、毎月何度か顔を見に行っていました。エレベーターのドアが開くたびに、加齢臭というのでしょうか、特有の体臭が鼻につきます。エレベーターで来る人を、一斉にみなさんがご覧になります。人間の終焉の場が本当にこれでいいのかな、という思いを抱いて帰ってきていました。

役割を持って生まれてきた

ところで、寿命とはどういうことでしょうか。「寿」という字は、実は事件の「事《じ》」、「事《こと》」なのです。人間は生まれてくる時に「事《こと》」を持って生まれてきたのです。ですから死ぬ時は「事《こと》」が切れるので、「こと切れる」というのです。事は役目ということです。どんな人でも、たとえ重い障害を持った人でも、その役目を背負ってこの世に生まれてきたのです。

こういう環境のもとに、こういう親のもとに生まれてきたことは、ある役目を持って生まれてきたのではないかと思われる節が多々あります。その役目が実は事《こと》ということになりますから、誕生も「寿」、結婚も「寿」です。また、敬老会も「寿」。全部「寿」です。命に関わりのあることは、全部「寿」と言います。その役目を祝うということです。

知的障害のダウン症の子どもさんを持ったお母さんが、何でうちにこんな子が生まれてくるのだろう、私はそんな悪いことをしたのだろうか、なんていうことをおっしゃる。そうではないのです。その子を育てると、ものすごく親が大人になるのです。人生の幅が倍ほどにふくらんできます。それは、その子を育ててみて初めて分かることなのです。

人間とは、そういう役目、役割を持って生まれてきたと考えれば、その役目が終わった時が、つまり命の尽きる時。ですから、寝たきりになることも役目のうちの一つなのではないかな、と私は思っています。

私のおふくろも二年くらい家のベッドで寝たきりの生活をしておりましたけども、それも役目。そこにいるということが役目なのです。

そこで言えるのが、何が幸せなのかということです。

「しあわせ」とは、本来「仕合わせ」と書くべきなんです。幸福の「幸」という字は「辛い」という字に、時間の「一」を足しただけの話です。

人と合わせるから仕合わせ

しあわせとは、他と合わせることができるかどうかということです。合わせ仕《つかまつ》ると書いて「仕合わせ」なのです。これから送りがなを除けたらどうですか。「仕合《しあい》」になるでしょう。昔は命を懸けていましたから仕合なんです。今は命をかけていませんから、試みの「試合」です。サッカーだろうが何だろうが、命はかかっていませんね。

人と合わせるとはいったいどういうことでしょうか。その人の生まれてきた環境とか、生き方とかに合わせていくと、仕合わせは自ずと見えてくるのではないかと思います。

こんな話があります。

途上国の漁師に「魚群探知機を使ったら、もっとたくさん獲れます。こういう漁法で、網はこういうものを使えば、今の四、五倍は獲れますよ」と教えました。

「ほお、そんなに獲れるのですか。そんなに獲れてどうなるのですか」と聞くので、

「お金がいっぱい入るじゃないですか」

「お金が入ったらどうなるのですか」

「好きなことをおやりになればいいじゃないですか。ゴルフをしたらいいじゃないか」といっても、ゴルフ場なんかないのです。

「ああ、そうなんですか。そんなに暇ができるのですか。そうしたら私らは、何をやればいいのですか」

「魚釣りでもしてりゃいいじゃないですか」

そういう落ちがある話なんですけどね。

そうなのです。結局、相手に必要のない幸福を、こちら側が押し付けているのです、多分これを持っていたら幸せになるだろうと思って押し付けたって、それは向こうにとっては小さな親切、大きな

迷惑です。

愛情だってそうです。こうあればいいだろうと、親は子どもに向かって「お前を愛しているから、お前のために言うんだ」と言いいます。人のためと一所懸命言いますが、人のためというほど嘘くさいものはありません。人のため、人のためというけど、「人の為」と書いたら、これは「偽り」という字なのです。

では、本気でその人に合わせられるのでしょうか。私はさほど難しいことでもないような気もします。自分を消せばいいんです。自分を勘定に入れなければ、相手ばっかりですから、合わせられるんではないでしょうか。

不自由＝不幸ではない

「桎梏《しっこく》」という言葉があります。足かせ手かせ、転じて、自由な行動を束縛するものを言います。

私の場合、幼いころに両足を失いました。現在は、膝から下は義足を履いています。

母親は死ぬまで母親でした。母は茶人でしたから、常に先の先まで考えて用意する人だったので、自分でちゃんと死に装束を縫っていました。おふくろが死んだ時に、エンディングノートじゃないですけど、死に装束の中に手紙が入っていまして、申し訳ない、ごめんなさいみたいなことが書いてありました。

ちょうど真ん中ぐらいまで読むと、「五歳の子どもを交通事故に遭わせてしまった。母親としての責任を生涯かけてお詫びをします」と書いてありました。

私はおふくろを一度も責めたことはないんですよ。でも、こういうふうに思うのは母親としては当然だと思うのです。

私が小さいころ、例えば小学校の運動会や遠足に行けませんでした。そんな時、母親が必ず言った言葉が、「私の足を切って、あんたにつけてあげたい」です。「そんな汚い足はいるもんかい」と言ったのですけど、母親は本気だったと思うのです。わが子につけられるものなら、自分の足を切ってもいいというほどに母親は思ったのでしょう。

しかし逆に考えれば、母親は障害を背負ったことそのものが不幸だと考えてしまったことになります。健常者だと仕合わせだと考えていたわけです。それが私にとっては非常に苦しかったのです。どこに行くにしても何をしたって、常に母親が心配して、なんだかんだ言うのです。高野山に行かせる時などは、母親は死ぬような思いだったでしょう。

でも、よく考えてみますと、不自由イコール不幸ではないのです。決して健常者のようにはいきませんので、たしかに不自由です。ところが、障害を背負ったままでも仕合わせといえるのです。

目の見えない人が明るく元気に暮らしていらっしゃれば、それはそれで仕合わせではないでしょうか。それを健常者になることが仕合わせだというのは、それは親の愛の押し付けというか、愛の手かせ足かせになっていたということです。それ自体が苦しかったのです。それがずっと心のどこかにあって、「母ちゃん、俺は大丈夫だよ」と言った時に、おふくろは安心して逝ったのじゃないかなと思います。その時、私は五十歳を超えていて、おふくろは八十六歳でしたからね。

でも親は、特に母親は、死ぬまで母親です。「あんた、散髪に行ってきなさい」とか、「ハンカチを持っとるとね、ちり紙を持っとるとね」と言って、しゃーらしか（うるさい）と思います。終いには、「横断歩道は手をあげて渡りなさい」とか、俺をいくつと思っているのか。でも、それが親なんだろうなと思います。

それを言葉で言うと「享受」、享け賜《たまわ》るということ、いただいたということなのです。ですから死んだら「受」を除けて「年」を書きます、「享年」いくつと。

憎しみをコントロールする

どんな立派な葬式をしようが、そんなものは死んだ本人には分かりません。あんなものは、生き残った人間の見栄みたいなものです。本人がこうしてくれといっても、その通りになりません。ほとんどの場合、生き残った人間が自分たちの都合のいいようにします。

ある方のお父さんが、末期の胃がんで入院中に、病室で自分の葬式の挨拶をテープに吹き込んだというのです。「和尚、親父が吹き込んだテープを葬儀の時に流してよろしいですか」と聞いてきたので、「ああ、流しなさい」と言いました。そして、封筒に入ってたテープを焼香の前に流したのです。

「みなさま、今日はお忙しいところ、私の葬儀のためにお集まりいただきまして……」と、お父さんの声が聞こえてきました。そのへんまではよかったのです。

「中村さんは来ておられますか。あなたに五十万円貸しとります」

ガクッときてね。それからなんとなくシラーッとなってしまいました。この世に未練を残したくないからと、自ら吹き込んだ気持ちは分かるけど、いかにも生々しくてですね。

憎しみとか怒りとか、そういうものは生きている間は強いのです。これが死ぬと恨みになる。化けて出るのは大概これです。

その時に、この憎しみをいかに制御するか。

私は福岡市内の大濠高校に行きました。今は男女共学になって、校舎も立派なホテルみたいになっていますが、昔は男ばっかりで、校舎はボロボロでした。

みんながサッカーをしている時、私は見学していたのです。一人がシュートしようと思って蹴ったら、ボールに当たらずに、すとんと後ろにひっくり返った。すると応援していた連中が野次を飛ばすのです。「なんしよるとか、ばかたれ、お前」。そのうちに野次がエスカレートしてきて、誰かが「吉住のごとあるやないか（ようじゃないか）」と言ったんです。

私はカチンときた。そのころは気が短かったから、「くそー！　誰が言うたとか」。そうしたら横にいた書道のおじいちゃん先生が私の膝をつかんで、「お前、怒っとるのか」と言ったのです。「後で便所に叩き込んで、クソまみれにしてやる」と言ったら、「お前は塙《はなわ》保《ほ》己《き》一《いち》という人を知っとるか？」と聞くのです。「誰ですか？　それは」。「江戸時代の偉い学者じゃ」と言われました。

塙保己一は七歳の時、病がもとで失明し、後に大学者になった人です。昔は目の見えない人は三味線や琴などを弾くか、針灸をするかだったのですが、この人は不器用でどれもものにならなかったそうです。ただ、本を読んで聞かせたら、一度で一字一句間違いなく全部覚えたというのです。あのころは点字はなかったので、読んで聞かせるのです。それを聞いていて、すらすら覚えたというのです。それで学者にさせようと、江戸に出し、立派な学者の先生のところに通わせ始めました。

塙保己一が若いころ、雪の中を歩いていたら、下駄の鼻緒が切れました。版木屋（本を印刷するための板木を彫って作るところ）の前まで行って、「すみません、下駄の鼻緒が切れましたから紐を一本くださらんか」と言ったら、番頭が紐を雪の中に放り投げて、「拾え。そこに置いてある」と言ったそうです。

目が見えないのに、雪の中を手探りで、四つんばいになって一所懸命、紐を探しました。それを見て、番頭から小僧まで店の中の連中が、みんなで大笑いしたというのです。結局、紐は見つからずに、下駄をぶら下げて帰りました。

その時に、塙保己一は腹を決めました。「私は怒るまい。怒りの感情に振り回されるようなことがあれば、大きなことはできない」と。それが十六歳です。それから、一生怒りませんでした。そのことを守り通したというのです。

後年、『群書類従《ぐんしょるいじゅう》』という本を出されることになりました。今、みなさんが『古今集』とか『方丈記』だとか、『かぐや姫』や『浦島太郎』を読めるのは、この人のおかげです。散逸しそうな物語を聞いて全部書き写し、それをまとめて、六六六巻です。

この本を出すにあたり幕府が応援しました。版木屋を選んでくださいと言われた時に、塙保己一はあの時の版木屋を選んだのです。そこは小さな版木屋でした。「なんで先生のような偉い方が、うちみたいなところにお任せいただいたのでしょうか」と問われた保己一は「実は若いころ鼻緒が切れて、お店の前で探し回ったのを笑われました。その時は本当は悔しかった。しかし、頑張ろうと思った。そのおかげで、私は今日この本が書けたのかもしれません」と言ったのです。

恨みをバネにして頑張る

結局、恨みを恨みのままにしておかない。憎しみを憎しみのままにしておかない。それをバネにして頑張れるかどうかがその人の一生を決めるということを、私は大濠高校の書道の先生に教わったのです。

あとで調べましたら、「奇跡の人」の三重苦（盲・聾・唖）のアメリカ女性ヘレン・ケラーが、昭和十二年に来日して、真っ先に塙保己一の学問を継ぐ研究所（温故学会）を訪問し、保己一の木像に触れ、「私は塙先生のことを知ったおかげで生涯を克服することができました。心から尊敬する人です」と感謝の言葉を述べています。ヘレン・ケラーが「生きよう」と思ったのは、この塙保己一の話を聞いてからです。電話を作ったグラハム・ベルが家庭教師としてサリバン女史を紹介し、その話を教えたらしいのです。日本人より外国人のほうがよく知っているという感じですね。ヘレンは手や足を失った中村久子さんにも会っています。

私は両腕をなくされた大石順教尼さんに実際にお会いし、すごい教えを受けました。

恨みつらみというのは人間だれしも持っています。あの人にあんなことをされた、こうされた、どうされたと。年を取ると、昨日今日のことはすぐ忘れるのだけど、昔のことはしっかり覚えています。それを外しきれない。心の中の根は実は恨みで、その根っこを何とか外せないものだろうかと、いつも思うのです。

塙保己一のことをどこかで意識し始めたのは、その書道の先生のおかげかなと思うのです。大学時代、高野山でいろいろつらいことがありましたけど、人ができて俺にできないことはないだろうと思えるようになりました。すぐに怒るということは、相手に合わせていないということです。仕合わせとは先ほども言ったように、合わせ仕るということです。気が短いと、独りよがりになってしまうのです。

相手の思いに沿ってやる

人間としていちばん情けないものは何かといったら、排泄が自由にできないことです。障害者であろうが高齢者のリハビリであろうが、これくらいプライドに関わってくることはありません。親兄弟にだって、自分のお尻を見てもらいたくないですものね。

私が小学校二年生ごろ、昭和三十四年ごろですが、そのころは洋風便器はまったくなく、全部しゃがみこむ和便というタイプでした。

その日は下痢気味でしたから、学校でも行きたくてしょうがないのです。「先生、お便所に行きたいです」という道は知っていますけども、ひとりで行ったってできないわけです。それが分かっていますから、脂汗を流して、一所懸命辛抱して、ちょっとおならが出そうだなと、少しお尻を浮かしたら、何のことはない、今まで抑えているものだから、余計勢いを増してボワーッと大洪水のように出たんです。それから頭が真っ白け。その前後の記憶は飛んでしまっています。しかし、「おしめしとけばいいのに」と誰かに言われたのは分かりました。

カチーンときましたね。悔しいから家の座敷の片隅に新聞紙を広げ、それに和便器の形を同じ大きさでマジックで描きました。左足は膝関節がありませんから、当然曲がりません。右足は関節の下が八センチ残っていますから、右足のほうを曲げればいい。そこで、左足の義足をまず外して、しゃがみこむ練習を何度もしました。倒れるたびに、何で俺がこんなことをと思いながらも、ズボンを濡らさないように、足が痛くないように、どうやって下りたらいいかということを毎日繰り返しました。手のつき方とか脱ぎかたとか、そういうのも研究し、一応これでできるかなというところまで何とか工夫したのです。

たまたま博多駅に行く用事があったものですから、駅の便所に連れて行ってもらって、試してみました。すると、できたのです。「うわあ！　できた」。あの時は嬉しかったですね。ウン命の分かれ道というやつです。すごい解放感なんですよ。ああ、俺は今日からどこへでも行けると思いました。

排便・排尿を自分の意思のままにできることの自由さ。近ごろは身体障害者のための施設ができています。駅でも今は増えましたね。しかし車椅子の人が「あれを探すのは本当に大変なんだ」と言っていました。「ないところでどうすればいいのか、健常者はそのことに気がつかないから、自分たちはそこまで考えなければならない時がある」と時々おっしゃいます。

今老人ホームで〝おむつゼロ〟の運動を進めています。おむつをしていると甘えて、だんだん依存心が強くなってくるのだそうです。おむつをしないと緊張感があるから、痴呆の予防にもなるということです。必要な人には最終的には必要です。だけどその時に替えてもらう人が「ありがとう」と一言いえば、替えるほうは仕事だからと思っていても、どこか違ってきます。その人に全部をさらけ出すわけですから、替えてもらう人の思いを、替えるほうも受けとめてあげなければならないと思います。

介護の現場を見てみると、結構上から目線なんです。「気持ち悪かろう、替えようね」とか言って、「まあ、よういっぱい出たねえ、ハッハッハ」って。笑われたほうは「お前も言われる身になってみろ」と内心思います。それは相手の思いに立っていないということです。

人に全部見せなければならない人のつらさを想像してください。笑われたお年寄りは何と言うかというと、「私なんかおったって、迷惑かけるばっかりだから、死にたい」です。そこで「そうじゃないよ、それはほんの一部のことなんだから」と、相手の心に沿って言ってあげられることは大切です。一方的に「してあげる」という気持ちじゃないということです。それがいわゆる陰の徳、相手の思いに沿ってやるということです。

淡々と生きていく

私が努力してそれをするようになったのは、必要に迫られてなんですが、頭からできないとあきらめていたら、何もできなかったわけです。

何とかしようという工夫と努力です。生きがいがないとか目的がないとか、若い者が言いますけれど、「何をバカなことを言ってるんだ。俺だってそんなものはないよ。ただ、今やっている努力を積み重ねっていって、毎日毎日それを淡々とやっていくしかない」と言いたいです。

確かに苦しいですよ。苦しいけれども、それをやっていく喜び、努力している喜びもあるはずです。マラソンだって目的地に向かって一所懸命走っていますが、目的はゴールに向かうことだけではないでしょう。走っている最中に気持ちがよくなって、爽快になってくるんです。だから毎日毎日が愉快でしょうがない、楽しくてしょうがないのです。

私は朝起きて、目を覚ました時にまず、ああ今日も生き返ったなと思うのです。寝る時は、さあ死ぬぞと思って寝ます。そうしたら自分の意思で死んだように寝れるのです。

この前の頬の手術は六時間ほどかかったのです。私はそれまで全身麻酔なんてかけたことなかったのですけど、初めて全身麻酔をかけました。パッと目を覚ましたら、もう六時間経っているわけでしょう。自分の意思で寝ているわけじゃないから、すごく損をしたような気がしました。あの時間を返せとかね。

生きている間中、自分の意思で、自分の気持ちで朝から晩まで生きていければ、淡々として生きていければ、それだけで十分なんじゃないでしょうか。生きがいとか目的なんていうのは、結局、それありきということではないのです。

過去のことにこだわらない

どういう死に方をするかは選べませんけれども、これからの生き方は選べます。生き方を選ぶ時に、過去のことにこだわっていては先に進めません。過去のことは記憶だけなんですよ。その記憶を何とかしようと思ったら、時間をさかのぼらないといけません。少し認知症気味のおばあちゃんが、「昭和六年の春に、あの人にあげんことを言われた」とか言われますが、昭和六年の春までさかのぼらないと解決できないわけでしょう。

何で「心」という字が、てんでばらばらなのかを考えてみてください。どこもくっついていないでしょう。ほかの漢字はどこかがくっついています。しかし、心だけはどこもくっついていないのです。心という字は宇宙と一緒で、どんどん大きくなれるのです。

「心」にはいっぱい空き家があります。この中にタンス、あるいは長持ちを持ち込みます。そのタンスの引き出しの中に、嫌なこと、忘れられないことを全部しまいましょう。いちいち開いてみる必要はありません。毎日開いて見てしまうから、忘れられないのです。

私はとうにしまっています。しまっていたら、タンスの中でそのうちなくなってしまうことばっかりです。今日嫌なことがあった。それをずっと持っているよりも、さっとタンスの中に入れて、いちいち思い出さなければ、それでいいのです。そうすると、忘れるのではないかなと思います。

毎日おもしろいと思って生きている人、五感が豊かで花が咲いたら、「わあ、美しいな」と言える人。こういう人になりましょう。

笑ってごらんなさい

笑う時には腹から笑ったらいいのです。おかしい時は、「呵呵大笑《かかたいしょう》」。大いに笑ったらいいんですよ。女性はよく笑うのですけど、男は笑い方がへたくそ。へへへへとかいっててね。私はハッハッハッと笑う人がいい。

笑えることは、実はすごいことです。笑っている人は鬱にはなりません。精神的に病む人は笑えない人が多いのです。笑ってごらんなさい。それこそ体にもいいんですから。笑ったら、お腹がすきますしね。

死んでしないですむのは呼吸です。酸素を吸わなくてもいいし、二酸化炭素を出さなくてもすみます。笑う時には息を吐きます。吸いながらは笑えないでしょう。吸いながら笑うと、引きつけをおこして倒れてしまいます。

ハッハッハッと口から吐く息、これが陽です。だって寿で生まれてきた時に、息を吐くでしょう。生まれてすぐは息を吐くのです。お母さんのお腹で吸った息をまず吐いてから、吸います。だから泣かない子はひっくり返して、お尻を叩きます。横隔膜を上半身に上げて息を吐かせるためです。息を吐くのは意識しないとできないのです。吸うのはほっといても引力の関係で吸えるのですよ。鍛冶屋の鞴《ふいご》のように、横隔膜が上がったり下がったりするから、肺がふくらんで大きくなったり小さくなったりするるわけです。

呼吸と感情というのはぴったり一緒です。だからハッハッハッと笑う時は、横隔膜がフウフウフウと上に上がっているのです。溜息は吸ってからなんですよ。泣く時は逆に吸いながらしか泣けません。吐きながら泣けないでしょう。だから、吐く息は陽で、吸う息は陰なのです。笑うことも必要ですけど、たまには泣くことも必要です。

本当に悲しかったら、涙は出ません。慟哭《どうこく》といって、身構えて震えるだけです。泣くことは自分に戻ろうとしているのです。泣いたら立ち上がれというのです。涙は自分を元に戻す。元に戻すのですから、元の気で元気というのです。だから泣くことも、泣けることも必要です。

その時に一人で泣くよりも、誰か一緒に泣いてくれる人が傍にいたら、もっといいですね。二人でわあわあ言って泣けば、それでばからしくなってくるから、お腹すいたねということになるわけです。なんか食べたら普通は元気になります。一所懸命泣いて泣いて泣きじゃくったら、あとはスカッとするものです。

そして、笑ってみるといいんじゃないかな。今、みんな、なかなか笑わないですね。笑うのも下品に笑ってはいけません。ヘッヘッヘッと顔の真ん中で笑うと下品になる。だから鼻で笑っちゃいかんというのです。

どこで笑うのがいいかというと、目です。しかし、目で笑うのは難しいです。相手をよく見ないと、目では笑えません。人間はパッと見て、たった三秒で第一印象が決まります。〝好かん〟と思ったら、目がそういう見方だけになってしまい、眉毛も寄ってきます。そうすると向こうも〝好かん〟となるわけです。

その時にニコッと笑ったらいいですよ。あんた好とうよと言ったら、向こうはびっくりするかもしれません。しかし、そのくらい陽気でいいんではないかなと思うのです。

結果とか効果とか、言われた通りということにとらわれて、マニュアル通りにやる人がいます。けれど、生き方にマニュアルはないと私は思います。

生き方にマニュアルがないように、生きざまにこれがいちばんいいというのもありません。たった一つ言えるのは、笑うこと。だって人間しか笑えないのです。長いこと飼っている猫が布団の中に入ってきて、ニヘッヘッヘと笑ったら、気色が悪いでしょう。外から帰ってきて、犬がワッハッハッハッと笑ったら、ウッと思いますよね。だけど帰ってきて、お母さんなりおばあちゃんなりが玄関で、お帰りと言ってニッと笑うと、ほっと安心します。

仏さまの顔は自分の鏡

仏さまの顔は、実にいいですね

前にもお話ししましたが、私は十年に一度は必ず奈良の中宮寺の弥勒さまを拝みに行きます。二十歳のころに、私が高野山から逃げて帰ろうとした時に見た国宝の弥勒菩薩像です。

初めて見た時、私は電気が走るような気がして、うわあ、美しいなあと思いました。三十代で見た時は、自分の心の荒さ具合がよく分かったのです。けれど、四十代で見た時はよく分かりませんでした。

そして、六十歳になって見たら、初めてその仏さまを見た二十歳の時に戻りました。何というか、余計におふくろに見えてしょうがないのです。仏さまは千年近くそこにおられるわけです。私のたかだか六十年は、仏さまの世界から見れば屁みたいなものです。アッといって終わりです。

しかし私は拝むのではなくて、その仏さまを見ることによって、仏さまは己の心を見る鏡なんだということが初めて分かりました。そうやってその仏さまの前にいる自分が何者かということを、不思議と仏さまが見せてくれるのです。それが己を知るということで、我を心から分かるから、何となく分かったような気がするのです。

ひょっとして七十歳まで命があれば、その時はもう一度、その弥勒さまに会いに行こうかなと思っているのです。どう見えるでしょうか。

毎日見ている道端のお地蔵さまが、顔が違って見えるのは、その日のこちらの心が変わっているということです。お地蔵さまの顔が鏡なのです。

それは仏さまだけではなくて、私の周囲にいる人全部に言えることです。子どもの顔を見て、子どもがうんと暗い顔をしていれば、こちらが暗い顔をしているのではないかなと。こちらが明るければ、みんなが明るくなるのではないでしょうか。それが仏さまだろうと思うのです。

こいつがああ言った、あいつが昨日こんなことを言ったとか、なにやかやにこだわらない。食うたものはそのすぐあとから忘れるでしょう。それでいいんですよ。先のことをあれこれ考えるのは、取り越し苦労と言います。先走ってそんなことを考えたってしょうがないのですよ。そうなってみなければ分からないでしょう。

いい顔して死ねる

だから、ふーと息を一つ吐いて、嫌なことはタンスにしまいましょう。いいこと、楽しいこと、嬉しかったことをタンスの上に飾るのです。それをいっぱい持てる人になりましょう。これが冥土の土産です。

それをいっぱい持って死んでごらんなさい。死に顔がきれいになります。いい顔をして死ねます。

見ているだけで、拝んでいるほうが心が安らぐような死に顔、これがあるんですよ。

枕経を上げに行きます。大体坊主はそう急がず、ぼちぼち行きます。そして、布を一枚はぐってみて、その時は時間がたっていますから、いい顔をして亡くなっていると、こっちまで安心します。葬儀がしめやかです。花輪がいっぱいとか祭壇がどんなに豪華に飾ってあるとか、そんなものはみんな生き残った遺族の見栄で、どうでもいいんです。

亡くなった人が「私は役目を全部やり終えましたよ」と言って、寿命を閉じた顔は美しい。だけど、自殺で亡くなった人はこっちがつらい。生きたいと思っても生きれない人がいっぱいいるのに、何でまだ余力があるのにこんなことを、思う時があります。

おもしろかった、もう一回してもいい

老人ホームでも自殺が起きます。あれはショックです。「そげん急がんでも、すぐにお迎えが来るじゃないか。馬鹿だね、あんたは」と言いたくなります。

だから「徳は孤ならず必ず隣あり」と、論語は言っています。もう一つはことわざで「杖に縋《すが》るとも人に縋るな」で、人に甘えないということです。甘えないから、芯が強くなるのです。

依頼心と、人にお願いをするのは違います。できないことは頼んだらいいのです。でも、どこかで工夫しながら生きていく。自分が右手だけしか動かないのだったら、右手だけでもいい。左手しか動

かなければ、指しか動かなければ、その動く指で何とかしようというのが工夫です。頭からこれはできないと思わないで、最後の最後まで身体を使って生きていこうとする。これが人間の生き様ではないのかと、そう思います。

物と金があまりにも多すぎて、人間はそれに順応するものですから、子どもをテレビの情報とお金で育てようとします。親の介護も物と金でしようとなってしまう。

子どもの笑顔、孫の笑顔を見て、じいちゃん、ばあちゃんが泣いて喜ぶ家族であってほしいといつも思うのです。そこには笑顔がつながっているのです。子どもの笑顔を見たら、頑張れるでしょう。子どもの笑顔は何物にも代えがたいですね。その笑顔を見ていたら何となく落ち着きます。お年寄りが笑っているのも、また落ち着くのです。母ちゃんが笑っていると落ち着く。じいちゃんが笑っていると落ち着く。家が温かくなる。それが実は大切な冥土の土産になるのです。

死ぬ時に、家族全部の笑顔を思い出しながら死んでいけたら素晴らしいですね。それには自分が笑っていなければなりません。

ぐだぐだ言いましたけども、そんなに先の話じゃありません。すぐにきます。棺桶なんぞは安くて結構です。段ボールだっていいかもしれません。燃えればいいのです。

息が切れる時に、おもしろかったと思って、こんな人生だったら、もう一ぺんしてもいいなと思って死ねた人。その方は持ちきれないくらいのお土産を持ってあの世にお逝きになるのじゃないかと、本当にそう思います。

普段の生活は少しずつ物を減らしていきましょう。荷物の多い人がおりますが、心の荷物が多すぎたら、それは重荷になるだけではないかと思います。あの世はいいところです。本当にいいところだと思います。逃げて帰ってきた人は誰もいませんし。逝くまでは生きていますから。死ぬまで生きていますから。だから今日一日命をいただいたのだったら、その今日の命一つひとつを大事にしようではないかと思う次第です。

今日はみなさんいい顔をしていらっしゃいますから、極楽浄土にお行きになるのではないかと思います。向こうでまた会いましょう。どうもありがとうございました。

枝杖に縋るといえども
人に縋らず

あとがき

「棺おけに片足を突っ込む」とは、年老いて死期の近いさまをいうのですが、初対面の吉住明海和尚は「私は両足を棺おけに突っ込んどります」と切り出しました。

明海和尚は四歳のとき路面電車にはねられて両足がありません。さぞや不自由な生活だろうと思うのですが、当のご本人には〝障害者〟の意識がまったくない様子で、巨体に義足をはいて実にあっけらかんとしているのです。

坂道や階段をどうやって上るのだろうか。余計な感情を入れずに冷静に考えたらいい、どうやったって要するに上まで着けばいいのだから。そのへんが腹の決めようで、あとは工夫次第。「生きる」ことも同じ。人生のルールを熟知して、自己をコントロールすればいい、と言うのです。棺おけに両足を突っ込んだ分だけ、低いところからものが見えているのでしょうか。案外、両足のそろった私たちの発想のほうが不自由なのかもしれないと思わされました。

私がS状結腸癌の宣告を受け、手術までの待機中、九州大学病院で不安な日々を送っていたときに、明海和尚はこう言って励ましてくれたのです。

「三角さん、人間は病気では死にません。死ぬのは寿命だからです」

当時は、何か分かったような、分からないような言葉でしたが、そう励まされて腹が据わったのは事実です。

「よし、術後に目が覚めたら新しい命をもらったと思って強く生きていこう。目が覚めなかったらその時は寿命とあきらめよう」

こうやって今日まで私が元気で生きながらえているのは、明海和尚のあの名言のおかげです。

寿命の「寿」は「事《こと》」と同じ字、「事」とは「役割」を意味する。だから、人間は「事」を持って生まれてきて、役目が終わると「事切れ」て「命《いのち》」を終わる。明海和尚はそう教えてくれました。

ところが、私を励ましてくれた明海和尚自身は、平成二十六年六月に肺がんの宣告を受け、厳しい闘病生活を送り、いったんは回復の兆しがあったものの、病は再発して、平成二十七年三月十七日に冥土へ旅立っていきました。享年満六十三、僧侶としての年月は四十八年でした。

明海和尚は、まだ元気だった平成二十四年十一月の「なあむ博多」で、「冥土の土産屋開店」という変わった演題を掲げて説法をしてくれました。今となって思えば、すでに自分の寿命を予知していたのでしょうか。だとすれば、あまりにも手回しのいいことです。

豪放磊落な人となりで、多くの人々に愛された名物和尚の一周忌にあたり、和尚が残した名説法をみなさまがたにお読みいただいて、在りし日の姿を忍びたいと思います。

最後になりましたが、出版のお許しをいただいたご長男の吉住大慈慈明院住職に感謝申し上げます。

合掌

平成二十八年三月

なあむ博多代表　三角弘之

本書は、はかた南無の会（現・なあむ博多）での講演をまとめたものです。

「地上から30センチの人生」　平成２年２月16日

「きっちり生きれば、きっちり死ねる」　平成４年７月11日

「施のこころ」　平成19年７月30日

「冥土の土産屋開店」　平成24年11月19日

吉住明海（よしずみ・みょうかい）
高野山真言宗・慈明院名誉住職。1951年福岡市生まれ。17歳で出家得度。1975年高野山大学仏教学科卒業。両足義足のハンディキャップを克服し、全国各地で布教・講演活動を展開。大きな体と明るい人柄は常に人々を勇気づけ、エネルギーが伝わってくる人間味にあふれた話には定評があった。2015年３月遷化。享年満63。

それでも笑《わら》って生《い》きよう

■

2016年３月17日　第１刷発行

■

著者　吉住明海

発行者　杉本雅子

発行所　有限会社海鳥社

〒812-0023　福岡市博多区奈良屋町13番４号

電話092(272)0120　FAX092(272)0121

印刷・製本　九州コンピュータ印刷

ISBN 978-4-87415-973-6

http://kaichosha-f.co.jp/

［定価は表紙カバーに表示］